证券行业数字化转型与发展

证券信息技术研究发展中心（上海）　编

中国金融出版社

责任编辑：黄海清　童祎薇
责任校对：孙　蕊
责任印制：丁淮宾

图书在版编目（CIP）数据

证券行业数字化转型与发展/证券信息技术研究发展中心（上海）编. —北京：中国金融出版社，2024.2
ISBN 978-7-5220-2004-4

Ⅰ.①证…　Ⅱ.①证…　Ⅲ.①证券业—数字化—研究　Ⅳ.①F830.91

中国国家版本馆CIP数据核字（2023）第080534号

证券行业数字化转型与发展
ZHENGQUAN HANGYE SHUZIHUA ZHUANXING YU FAZHAN
出版
发行　中国金融出版社
社址　北京市丰台区益泽路2号
市场开发部　(010)66024766，63805472，63439533（传真）
网 上 书 店　www.cfph.cn
(010)66024766，63372837（传真）
读者服务部　(010)66070833，62568380
邮编　100071
经销　新华书店
印刷　河北松源印刷有限公司
尺寸　169毫米×239毫米
印张　13.5
字数　192千
版次　2024年2月第1版
印次　2024年2月第1次印刷
定价　76.00元
ISBN 978-7-5220-2004-4

序

当前，人工智能、云计算、大数据、区块链等新一轮科技革命加速演进，日益融入经济社会发展各领域全过程，为高质量发展注入强劲动力。以习近平同志为核心的党中央高度重视科技和数字经济发展。习近平总书记指出，要“充分发挥海量数据和丰富应用场景优势，促进数字技术和实体经济深度融合，赋能传统产业转型升级，催生新产业新业态新模式”。党的二十大报告强调，“加快发展数字经济，促进数字经济和实体经济深度融合”。

面对数字经济加快发展的战略机遇期，证券行业出台科技发展“十四五”规划，擘画了新阶段资本市场科技创新和数字化发展的新蓝图，为行业机构数字化转型和金融科技创新提供了引领、指明了方向，行业数字化建设有序铺开。同时，资本市场金融创新试点工作自2021年起在北京、上海、广州、深圳和南京等地区全面铺开，目前全国已近百个试点项目，助推行业机构数字化转型与发展的成效日渐显现。证券业协会、期货业协会相继发布网络和信息安全三年行动计划，推动行业机构加强网络与信息系统安全保障体系和能力建设，为行业高质量数字化发展提供保障。各行业机构积极通过科技赋能数字化转型，不断降低服务成本，扩大覆盖面，深化渗透率，提升自身的运营效率和服务能力，推动资本市场不断提升服务实体经济质效。

作为资本市场重要的金融基础设施，上海证券交易所近年来在证监会的有力指导下，着力推进数字化转型，积极发挥科技赋能优势，充分利用新一代数字技术，全面提升审核、发行、交易、监管等各环节的数字化智能化水平和风险防范能力，努力提升科技核心实力和科技服务行业的能力。数字化转型方面，积极运用前沿技术，提升科技监管与服务能力。打造“一网通办”“一网统管”“公司画像”等重要系统，上线第四代交易监管系统，建设数字分析师团队。交易系统方面，持续推进系统升级换代，有效支持全面注册制等重大改革创新落地实施，陆续上线新债券交易系统等基于全新架构的重要平台。行业服务方面，建成行业内大规模、高标准的现代化数据中心，推出行业云平台，建成行业首个运营级别的区块链平台，有力支持证监会“云、网、库、链”等重大工程建设，积极参与资本市场金融科技创新试点。

证券信息技术研究发展中心（上海）作为上交所运营重要的行业前沿技术研究与交流平台，多年来坚持组织行业机构开展行业共研，组织出版《交易技术前沿》杂志，倡导行业技术成果交流与推广。本书选取了近两年行业共研课题的优秀课题报告以及《交易技术前沿》杂志刊登的优秀文章，汇聚了行业相关机构在数字化转型领域最新的创新成果，涵盖财务舞弊、智能问答、风险识别、智能投研等重要场景，既有一定的理论深度，又有实际应用的指导，为推动行业金融科技领域发展和技术进步提供积极的借鉴意义和参考价值。

数字化转型只有起点没有终点。我们将深入贯彻落实党的二十大的战略部署，充分发挥我国数字经济的独特优势，持续提升市场服务能力和监管效能，助力资本市场数字化转型，促进中国特色现代资本市场建设，更好服务实体经济高质量发展。

上海证券交易所党委委员、副总经理

前　言

当前，以“云、智、大、物、移”为代表的新兴数字技术与传统金融融合日益紧密，已成为促进经济高质量发展的重要驱动力。资本市场具有较好的信息化基础，也面临关键技术自立自强、新一代数字技术向智能化转型等挑战。各类机构宜顺势而为、应势而动、因势而谋，通过数字化与行业发展、经营管理等方面的深度融合，占领先机，成为推动金融数字化转型和智能化升级的“践行者”。

证券信息技术研究发展中心（上海）（简称 ITRDC）始终致力于推动前沿科技研究、先进技术应用和行业经验分享，希望广泛发挥行业力量并凝聚成科技研发合力，共同探索科技创新的发展与应用方式。

近两年来，ITRDC 组织行业机构及金融科技公司陆续开展了超百项课题研究，发布多期《交易技术前沿》杂志。本书从中精选 11 篇优秀课题成果及杂志文章进行分享，以期为行业数字化转型与发展提供参考借鉴。《基于异常值检验和机器学习的财务粉饰预警方法》介绍了平安资管公司对财务粉饰预警方法的研究，通过融合业务专家经验和大数据、AI 模型，构建基于业务规则和智能模型的自动化财务粉饰预警系统。《关于交易所运用金融文本分析的建议》介绍了上交所技术团队关于金融文本分析在证券监管应用方面的思考，从系统建设、数据治理、人才培养和行业合作等维度提出了推广金融文本分析应用的建议。《区块链在投行底稿领域应用研究》介绍了国泰君安证券等对区块链在投行底稿领域应用的研究探索，以科创板 IPO 为业务切入点搭建了“底稿一键通” + “监管一键通”的系统方案。《运行操作风险的智能识别及阻断方案》介绍了华泰证券在技术识别与阻断运行风险方面的研究，构建了一套适应数字化运营体系的运维白屏化系统，对日常运维操作风险进行智能化、细粒度管控。《基于知识图谱的智能问答系统》介绍了恒生电子基于知识图谱构建新一代智能客服的相关实践研究，通过构建证券领域客服的知识图谱，针对意图匹配精准答案，提升智能客服效果。《基于区块链的私募基金全生命周期存证解决方案研究与实现》介绍了中泰证券等相关团队就证券行业联盟链“上证链”在私募业务场景的应用进行的分析，为证券行业区块链应用探索提供了思路。《面向固定收益投研场景的智能投研技术研究与应用示范》介绍了广发证券运用智能化技术赋能资管业务，实现固收资管业务信息获取、信用研究、投资决策、交易测算、组合管理、资产配置和风险预警一体化管理的智能投研系统解决方案思路。《轻量级威胁建模在证券行业的研究与应用实践》介绍了华泰证券基于 DevSecOps 理念的轻量级威胁建模框架研究情况，通过自助化、工具化及自动化的攻击面分析及威胁建模，提升威胁建模效率。《证券公司数字化转型实践与研究》对国信证券的数字化转型实践情况进行了总结，通过研究分析证券行业数字化特点与现状，结合发展趋势设计了证券公司数字化转型能力体系，并提出相应实施建议。《智能机房巡检机器人在行业数据中心应用实践》介绍了智能机房巡检机器人在数据中心的应用研究，通过智能机房巡检机器人实现机房状态的实时可视可管，并提高机房的自动化运维效率、管理效率和科技水平。《海通证券数据分类分级创新方法与应用示范》介绍了海通证券在证券期货行业经营机构企业级数据分类分级管理与应用方面的创新研究，探索了《证券期货业数据分类分级指引》在行业的落地和应用方法，提出一套可在行业复用推广的解决方案。

习近平总书记指出，“加快数字中国建设，就是要适应我国发展的历史方位，全面贯彻新发展理念，以信息化培育新动能，以新动能推动新发展，以新发展创造新辉煌”。证券行业要携手共进，把握机遇、积极作为，做好“数字金融”大文章。ITRDC 也将持续推动行业科技研究、技术分享，赋能行业数字化发展与安全，为我国资本市场高质量发展作出贡献。

证券信息技术研究发展中心（上海）

目　　录

基于异常值检验和机器学习的财务粉饰预警方法*

摘要：我国资本市场财务造假案件频发给监管机构及投资者带来了极大的困扰。受限于有限的业务专家资源，多类研究机构开始利用大数据及AI技术来帮助业务专家提升效率，减少不必要的损失。财务造假样本的选择性偏差、专家规则体系过强的主观性以及现有模型与样本隐含结构适配性不强等问题给财务粉饰预警系统的研究带来了极大的挑战。本文基于丰富的专家经验，利用大数据和人工智能技术创新性地构建了包含样本标注和泛化预测两个模块的AI+HI财务粉饰预警系统，并对每个样本给出不同程度的财务粉饰等级及相应的解释归因。从监管口径看召回率，当控制高危样本比例为5%左右时，模型的召回率为87.19%，具有较高的召回率。可见，模型检测样本视角与监管高度一致。

关键词：财务粉饰　异常值检验　机器学习　样本标注

1　引言

1.1　研究背景和意义

1.1.1　研究背景

近年来，随着资本市场的快速发展，一些恶性财务造假案件经常发生。国内著名的康美、康得新事件以及震惊美国资本市场的瑞幸咖啡造假案件，都给投资者带来了巨大的损失，扰乱了市场秩序，制约了资本市场功能的有效发挥，引起了国内外资本市场和监管机构对财务造假现象的广泛关注。国内犯罪成本

---

* 本文由平安资产管理有限责任公司李毅琳、李果夫、罗力力、徐莹、张骅、白育龙共同撰写。

低是财务造假案件频发的诱因之一，对此国内监管部门也多次出台相关法律法规，加大对财务造假企业的惩罚力度。

2020 年 3 月 1 日，新《证券法》的实施大幅提高了对证券违法行为的处罚力度，尤其加大了对财务造假的惩处力度。对于上市公司信息披露违法行为，从原来最高处以 60 万元罚款提高至 1000 万元；对发行人的控股股东、实际控制人组织、指使从事虚假陈述行为，或者隐瞒相关事项导致虚假陈述的，明确最高可处以 1000 万元罚款。2021 年 3 月 1 日正式实施的《刑法修正案（十一)》表明了国家切实提高证券违法成本，保护投资者合法权益的决心。修正案中大幅加强了对欺诈发行、信息披露造假和中介机构提供虚假证明文件的刑事打击力度，提高了相关违法犯罪行为的刑期上限和罚金金额，强化对相关违法犯罪企业的控股股东、实际控制人等“关键少数”的刑事责任追究。2021 年 7 月 6 日，中共中央办公厅、国务院办公厅印发的《关于依法从严打击证券违法活动的意见》强化了重大证券违法犯罪案件惩治和重点领域执法，提出了要依法从严从快从重查处欺诈发行、虚假陈述、操纵市场、内幕交易、利用未公开信息交易以及编造、传播虚假信息等重大违法案件，并且要加强对中介机构的监管，对存在证券违法行为的，依法严肃追究机构及其从业人员责任，对参与、协助财务造假等违法行为要依法从重处罚。2021 年 8 月 23 日，国务院办公厅印发的《关于进一步规范财务审计秩序促进注册会计师行业健康发展的意见》，提出要着重加大财务造假处罚力度，规范开展财务管理，强化内部控制，从源头上规范企业会计行为。

这些监管措施对财务造假惩罚力度的加码显著提高了公司违法违规的成本，在一定程度上震慑了造假或潜在造假企业，减缓或减少了财务造假和欺诈发行行为的发生。然而，随着我国资本市场日益壮大，上市和发债企业与日俱增，财务造假手段也更加变化多端，方式更加隐蔽，传统依靠监管和投资机构有限的业务专家资源对企业进行监控的方法很难做到实时对所有企业的财务状况了如指掌，从而降低了发现财务造假行为的及时性和准确度，这在一定程度上也增加了造假企业的侥幸心理。《关于依法从严打击证券违法活动的意见》提出，要丰富证券执法手段，有效运用大数据、人工智能、区块链等技术，建立证券期货市场监测预警体系，构建以科技为支撑的现代化监管执法新模式，提高监管执法效能，加强对严重违法隐患的排查预警，做到有效预防、及时发现、精准打击。《关于进一步规范财务审计秩序促进注册会计师行业健康发展的意见》也提出，要加强财会监督大数据分析，对财务造假进行精准打击。借助大数据和模型的力量，实时对所有企业的财务状况进行全面有效的监控，提高监管执法效率，精准打击财务造假成为业界的共识。

1.1.2 研究意义

市场各经济主体会基于公司公开披露的会计信息作出相应的经济决策。真实的会计信息有利于资本市场的健康发展，合理分配市场资源；不真实的会计信息会扭曲公司真实的财务状况和经营成果，严重影响信息使用者的分析和判断。一方面，投资者会被扭曲失真的会计信息误导，作出错误的投资决策；另一方面，也会严重影响监管部门的有效监督，不利于资本市场的健康良性发展。近些年，我国资本市场深受财务造假事件的困扰。造假案件的频繁发生表现出了我国资本市场诚信的缺失和社会信用危机的上升，严重危害了市场信心，导致市场低迷，而低迷的市场又会增加企业融资的难度，诱发企业为提升利润率实施财务造假的可能性，从而形成恶性循环。

严厉打击和治理财务舞弊现象对我国资本市场的健康发展日趋重要。然而随着我国资本市场的不断发展壮大，财务造假手段也日趋新颖，方式更加隐蔽，投资机构和监管部门有限的人力资源很难对复杂多变的造假方式以及庞大的公司群体进行全方位实时的监控。如何借助大数据和模型的力量帮助投资者、审计师、金融分析师和监管机构更好地发现虚假财务报告对我国资本市场的有效运作及和谐健康持续发展至关重要。准确及时地发现财务舞弊公司，可以帮助投资者正确判断公司价值，获得更高的回报；帮助审计师和分析师避免昂贵的诉讼和荣誉的损失；辅助监管部门全面有效地监督各类群体，更好地保护投资者，减少投资失误。

1.2 研究内容、重点难点及创新点

1.2.1 研究内容

近两年财务舞弊现象频发，大量投资者对该现象的关注度陡增，监管机构频出重拳打击财务舞弊企业，越来越多的金融机构也开始投入资金在研究“如何精准识别财务造假企业”的研究课题上。目前业界中大部分识别财务造假企业的方法还是基于传统专家经验建立的阈值体系模型，该方法具有滞后性、片面性，容易形成“一刀切”的错误判断。如果过度注重过往的分析或审计经验，容易局限于已被熟知的造假模式，不利于发现隐蔽的新型造假手法。与传统的阈值体系模型相比，AI 模型有着更为强大的学习能力，不仅能够更好地学习重建已有的专家经验，更能通过对各种案例的总结，灵活链接更多来源、类型和体量的数据，发现人类专家过去可能忽视的规律和案例。

本文主要研究如何将业务经验和数据模型进行更好的融合，构建一个基于业务专家经验和大数据及 AI 模型前沿技术的自动化财务粉饰预警系统。可以将丰富的专家经验通过业务规则更好地融入 AI 模型系统，并通过 AI 模型对业务经验进行更加快速全面客观的学习和沉淀，优化改进传统的专家经验，总结发现新的经验规则。对庞大的企业范围实时进行精准可靠的全方位扫描，识别出造假企业，并给出合理的识别原因。为使用者提供更好的标准化的服务，提升监管部门打击舞弊行为的准确度和效率，帮助投资者及时识别虚假做账企业，避免损失的产生。

1.2.2 重点难点

财务粉饰预警方法的研究重点也是难点之一，在于如何对样本进行相对合理准确的标注。经数据统计，2012 年以来被监管机构明文认定造假的公司仅 200 家左右，相较于市面上近万家可被研究的企业而言，被标注财务造假的样本数量极其稀少。这样的样本结构很容易被误解为这是一个典型的不平衡样本问题，实则不然，财务造假样本数量稀少的原因不在于有造假行为的公司数量真的稀少，而在于被监管认定为“实锤”造假有一定的滞后性，该问题早在 Beneish（1999）和 Dechow 等（2011）的文献中就有所提及。这也就意味着那

些未被认定为造假的公司并不代表其一定没有造假，只用“实锤”造假样本进行研究会产生选择性偏差问题。因此，现有的解决典型不平衡样本的建模方法并不适用于我国财务造假事件应用场景。如何通过技术方法解决选择性偏差问题，对样本进行相对合理的标注是模型研究的基础。

财务粉饰预警方法的研究重点也是难点之二，在于如何获得一套合适的专家规则体系。专家经验是模型构建成功的奠基石。一套有区分能力的专家规则体系可以大大降低模型构建的难度。配合我国财务造假事件非典型不平衡样本问题的应用场景，专家规则体系显得尤为重要。该规则体系不仅决定了模型最终预测结果的准确性和解释性，还决定了样本标注的合理性。目前市面上专家规则体系中的指标及阈值体系都是根据业务专家的经验获得的。该规则体系带有太多主观因素，不同的专家得到的规则体系往往不一致，很难判断谁的更好。如何建立一套客观有效的专家规则体系对样本标注及模型泛化预测都有重大意义。

财务粉饰预警方法的研究重点也是难点之三，在于如何配合标注样本构建合适的泛化预测模型。目前学术界和业界构建的财务造假预警模型均以二分类模型为主，极少有多分类模型的出现。一个重要原因是学习样本的显示标注是二分类的，而实际上公司主体的财务造假并不仅仅是是或否、非黑即白的问题。公司主体的财务造假程度有轻重之分，被监管“实锤”认定的公司是否具有一些额外的信息，这些数据都带有极大信息量。如何配合标注样本，基于AI模型技术合理有效地利用这部分数据信息，将内部隐式的分类展示出来是研究的难点。

1.2.3 创新点

针对财务粉饰预警方法的重点和难点，本文主要有以下创新点：

（1）提出自动化的 AI + HI 样本标注方法对样本进行扩建，减轻选择性偏差问题。首先通过专家规则体系建立初始样本标注，再基于优化有权重的目标函数的机器学习模型对样本进行学习，加入专家经验对结果进行调整优化，再重新对优化样本进行学习。反复迭代优化，直至样本集稳定，从而得到一个相对客观全面的样本标注集合。该过程完全自动化，无须人工实时参与。

（2）创新性地采用样本标注模型 + 泛化预测模型框架，对专家规则体系中的指标体系和阈值体系进行更新迭代，得到相对合理客观的专家规则体系。指标体系的迭代主要基于泛化预测模型的归因结果，调整已有的专家规则，新增未发现的专家规则。阈值体系主要基于泛化预测模型的等级及归因结果，配合异常值的判断方法，对阈值进行持续更新优化。

（3）根据已获得的样本标注结果，基于数据特征，结合专家经验，对样本权重进行调整，采用合适的分类模型进行泛化预测，不断迭代优化，反哺专家规则体系中的指标体系和阈值体系，最终得到稳定的预测结果和解释归因。

1.3 本文结构和内容

本文的结构如下，第二部分主要回顾了国内和国外基于模型检测财务造假样本的文献。第三部分主要介绍本文的研究方案，分为研究思路和研究方法两部分，研究思路主要介绍样本标注模型 + 泛化预测模型的主体框架，研究方法分别从样本标注、指标体系、阈值体系和模型方法四个部分分别介绍；第四部分主要对模型总体结果进行展示；第五部分为对本文方案的总结以及对未来研究财务粉饰预警系统方法的讨论。

2 文献综述

2.1 国外相关研究

国外学者很早就对财务舞弊现象进行了研究，从早期的财务舞弊冰山理论到后来提出的舞弊经典三角理论和 Gone 理论，以及迄今为止最完善的风险因子理论，舞弊因子越来越细化。其中，舞弊三角理论在实践中最为常用，该理论认为舞弊现象的产生是由压力、机会和借口三要素组成的，即在面临压力、获得机会后，舞弊者需要找到一个恰当的理由使得舞弊行为与其本人的道德观念和行为准则相吻合，缺少任何一项要素都不可能真正形成公司舞弊行为。

国外学者对财务舞弊的动机、手段以及如何防范等多方面进行了大量的实证研究。Beneish（1999）提出了著名的 M - score 模型，用来监测企业财务造假的可能性，该模型选取了8项能够刻画企业进行盈余操纵行为的指标，收集了1987—1993年受到SEC处罚的财务舞弊的公司，并根据行业用非财务舞弊的公司进行配对，利用带权重的Probit模型估计出企业进行财务操纵的概率。该模型简单易懂，便于计算，提出之后被广泛使用。Bell和Carcello（2000）运用毕马威审计实务中的77家财务舞弊公司和305家非财务舞弊公司，运用Logistic回归模型进行检验，最终发现用模型计算得到的结果与实务中审计师判断的结果并无显著差异。Dechow等（2011）基于494家财务舞弊公司和132967家非财务舞弊公司，运用改进的带有F-score的Logistic回归模型，以包括权责发生制质量、财务绩效、非金融措施、表外活动及市场措施5个方面共计28个指标为对象进行财务舞弊公司识别的研究。Bao等（2020）采用与Dechow（2011）同样的样本来源，基于专业的业务经验和原始会计数据，运用机器学习中的集成算法建立预测模型，模型结果显示要显著优于Dechow（2011）中通过Logistic回归模型得到的结果。

2.2 国内相关研究

虽然我国资本市场起步较晚，但财务舞弊事件在我国证券市场中却一直存在。国内学者基于我国资本市场特殊的发展阶段，对我国上市公司财务舞弊现状做了大量的研究，这些研究主要以案例和政策研究为主。后期国内学者借鉴国外研究经验，开始逐步使用定量方法来研究财务舞弊现象。

早期的相关研究以Logistic回归模型为主。杨清香、俞麟、陈娜（2009）用Logistic回归分析法检验了董事会规模、持股比例、领导权结构对财务舞弊的影响。方军雄（2003）基于我国1993—2002年被“实锤”的财务舞弊公司数据，应用LPM和Logistic方法分别构建了财务舞弊识别模型，研究发现Logistic模型效果优于LPM模型。陈凌（2005）对经典Logistic模型进行改进，利用向前逐步回归的思想，以54家财务舞弊公司和54家非财务舞弊公司作为研究样本，建立了我国上市公司的财务舞弊识别模型，回归模型的准确率为74%。文拥军和朱文杰（2009）及韦琳等（2011）也基于Logistic模型对我国财务舞弊现象进行研究，模型结果都有较高的准确度。随着机器学习方法的发展，该领域学者也开始引入相应前沿算法对财务舞弊现象进行研究。张秋三等（2014）以148家财务舞弊的上市公司和配对的非财务舞弊公司作为研究对象，运用Mann - Whitney选出16个财务和非财务指标，建立了基于神经网络的财务舞弊识别模型。模型对训练样本的识别正确率为74.58%，对测试样本的识别正确率为70%。这些研究都为治理我国上市公司财务舞弊现象作出了贡献。

3 研究方案

3.1 研究思路

针对目前研究的重点难点，借鉴国内外学者的研究成果，本文研究了一套新的解决方案。众所周知，要建立一个好的模型，样本标注质量高低是模型成功的关键。然而，由于技术的缺乏和人力资源的限制，数据统计发现，在过去近十年的上市及发债主体中仅有一百多家企业被监管部门官方认定为造假，比例远远小于实际造假的企业数量。因此本文与之前文献不同，不再完全基于监管认定的确定造假样本，而是将整体框架分为两个部分，第一部分是通过AI + HI方法构造的样本标注模型，第二部分是根据形成的样本体系，构建泛化预测模型。

目前样本标注模型是基于一套分层级的专家规则体系，该体系分为一级标签8个、二级标签16个、因子131个、细分项指标411个。根据这些专家规则对财务粉饰的预警权重及本身数据的特征，利用异常值检测法及机器学习模型对样本进行财务粉饰程度的标注，深度融合资管业务专家经验，对模型标注的样本进行迭代优化调整，得到最终的财务粉饰程度标注结果。

泛化预测模型则基于前一步样本标注模型得到的结果，加入上千个涵盖企业各方面信息的因子，利用前沿的机器学习模型，给出最终的粉饰程度结果及该结果对应的解释归因。并根据模型结果反哺专家规则与阈值体系。该部分验证了机器学习模型中多种分类方法的有效性，并根据被“实锤”造假样本的回测结果选择了准确率最高的分类树模型。

3.2 研究方法

3.2.1 样本标注

样本标注的准确性很大程度上决定了模型结果的可靠性。很多专业机构采用从各种消息途径来源或阈值划分来标注造假企业，但这种方式比较低效，且漏抓错抓的概率较大。结合前文提到的我国财务造假应用场景下样本的选择性偏差问题，本文基于已有的规则体系中的指标体系和阈值体系，采用 AI（Artificial Intelligence）与 HI（Human Intelligence）相结合的方案。结合专家经验和模型结果，自动客观全面地对企业样本进行扩建标注。方案的具体实施过程如下：

（1）专家经验给出由专家规则 $\gamma_i(i = 1,\cdots,k)$ 组成的经验集合 R，基于专家规则集合 R，得到企业样本的初始造假程度分类标识集合 $Y^{(t)}$，其中，$y_i^{(t)} \in Y^{(t)}(y_i^{(t)} = 1,\cdots,J)$，$y_i^{(t)}$ 代表第 i 个企业 c_i 的造假程度，按数字大小排序，数字越大表示造假程度越高，确定造假的企业（包括监管机构认定及各种消息来源确定的企业）构成集合 C，属于最高级别 J。

（2）基于前一步得到的 $Y^{(t)}$ 及经过特征工程的 X，利用基于树模型的有监督学习模型对数据进行训练测试，得到新的造假程度分类标识 $Z^{(t+1)}$。这里对 $Z^{(t+1)}$ 按照以下优化函数进行调整，得到新的造假程度分类标识集合 $Y^{(t+1)}$：

$$f(y_i^{t+1}) = \begin{cases} y_i^{t+1} = y_i^t, \text{ if } c_i \in C, \\ y_i^{t+1} = y_i^t, \text{ if } c_i \notin C \text{ 且 } |z_i^{t+1} - y_i^t| > a, \\ y_i^{t+1} = z_i^t, \text{ else.} \end{cases} \qquad \text{（公式 1）}$$

记 $\varepsilon_{t+1} = \dfrac{\#\{(c_i \in C)\&(y_i^{t+1} = J)\}}{\#\{c_i \in C\}}$

（3）对第二步过程进行迭代，直至达到停止标准 $|\varepsilon_{t+1} - \varepsilon_t| < \delta$，$\delta$ 是一个极小的常数，可根据经验设置。

通过上述迭代过程，可得到一个稳定的造假程度分类标识集合 $Y^{(P)}$，各类型样本标注数目较为平衡，从而缓解了选择性偏差问题。以上方法相较于传统专家规则阈值标注的优点如下：

（1）传统专家规则一般由一条简单规则构成，或是由两三条，最多四五条简单规则组合成复杂规则。这种传统专家规则的构造方式配置较为复杂生硬，不能根据数据特征自动生成，且规则数目有限，配置不灵活。本方案采用的技术可以对特征进行灵活搭配，并且可以基于数据特征，通过设置树模型的深度自动生成数目较多的复杂规则组合，最终根据相应规则组合得到结论。

（2）传统专家规则通常是通过专家经验设定阈值，一经设定，模型运行过程中不能根据数据特征进行修改，且经验值的设定较为主观。本方案采用模型的方式对阈值进行学习，可以根据不同的样本数据针对性地学习不同规则组合下的阈值，且该过程完全根据数据特征进行自动化学习，不需要人为参与。

（3）传统技术通过专家规则设置硬性组合和阈值的方法常常会漏抓或者错抓样本。如专家规则设定若样本满足“商誉/总资产 >60%”的条件，则样本有问题，但一个比例为 59% 的样本就不能抓出。传统技术很难解决上述问题。本方案通过辅以其他条件，根据数据特征自动对规则体系进行扩充，如可以通过学习“商誉/总资产 <60%”且“商誉/净资产 >60%”等扩充样本规则，防止漏抓或者错抓样本。

3.2.2 指标体系

建立一套自动化的企业画像财务舞弊风险识别系统高度依赖财务、审计专家的经验。本文依托分析师丰富的研究生产经营业务的经验，通过收集和辨认市场上确认与疑似财务舞弊案例的公司，总结了大量财务舞弊案例的典型特征，形成识别企业经营、财务异常的业务规则和指标。本文指标体系的构建逻辑分为初始指标体系建立和指标体系优化两个部分。

初始指标体系建立中，我们认为财务特征是企业阶段经营的结果，任意商业模式都会形成与之对应的财务特征，即便公司发生了主营业务变更与转型，财务报表中也会留下对应的影响与痕迹。我们以经营逻辑为起点，认为企业不会主动做出损害自身运行效率的经营行为，可以从财务特征检视其商业模式，与正常财务特征的背离即经营异常。基于以上逻辑，我们收集了多年的行政处罚、问询函、新闻舆情以及财务、审计专家及分析师积累的案例，结合专家经验，辅以 NLP 技术，广泛采集与企业财务质量和粉饰相关的财务报表及表外全量信息，提炼初版的有层级划分的专家规则，并根据规则的有效程度赋予不同的初始权重。这些规则覆盖了销售周期、库存周期、资金周期、企业财务勾稽关系、表外信息等，形成一个多方位的企业财务舞弊深度检查机制。

初始指标的设置往往会带有较多的主观性。因此，本文设置了指标体系优化模块，该部分深入结合客观的数据信息，依据初始的专家规则，通过知识蒸馏、有序回归等 AI 技术，建立自适应的学习样本，再用机器学习模型对该样本进行建模，迭代优化模型得到结果，以标签形式给出归因解释，提示潜在的风险关注点，根据模型得到的结果进行案例专家验证；基于验证结果，结合专家经验，对专家规则指标体系及权重进行优化；不断重复该步骤直至结果稳定输出。最终，深入结合专家经验、数据信息、模型结果，得到一套科学、合理、有效的指标体系。

通过以上方法，本文构建了一套关注财务报表及附注信息与表外异常事件联动关系的科学合理的指标体系。该指标体系从生产经营业务逻辑出发挖掘异常点，底层指标超过 400 个，造假模式标签共计超过 100 个，包括动机、经营质量、盈利质量、资产质量、资本结构、投融资、诉讼担保、舆情 8 个一级分类，一级分类下又分 26 个二级分类。同时，模型结果以这些标签形式直观展示识别结果及潜在风险关注点，使模型结果具有较强的可解释性。其中一部分专家规则如下：

动机：大股东股权质押率高、擦边完成业绩承诺、股权激励等。

经营质量：工程进度滞后、存货消化回款异常、境外业务异常变动、销售人员数量薪酬不匹配、客户集中度、关联交易等。

盈利质量：毛利率异常波动、收入利润现金流不匹配、投资收益调节、研发支出资本化比例波动大等。

资产质量：高存高贷、一年以上应收款占比高、非经营性往来款骤增、应收票据结构变化等。

资本结构：少数股东权益不稳定、债务期限结构恶化、其他应付款中往来款骤增等。

投融资：平均融资成本过高、高杠杆可动用资金不足偿债压力大、经营压力大仍大规模投资等。

诉讼担保：违规担保、涉多起诉讼或仲裁、对外担保比重高、为高资产负债率企业提供担保等。

舆情类：高管频繁变动、财务总监离职、大股东减持、实控人失信、债券违约等。

3.2.3 阈值体系

合理全面的指标体系需要配合相应的阈值体系才能准确全面地识别异常点。本文基于业务实践经验，充分考虑数据特征，深度结合统计算法与专家经验，建立了一套可以有效识别风险的阈值体系。同指标体系构建原理一致，该阈值体系的构建逻辑也分为初始阈值建立和阈值优化两个部分。初始阈值体系的建立依据市面上确认的和疑似财务舞弊案例，以及财务、审计专家和分析师积累的多年财务问题案例，结合专家经验，针对不同专家规则的不同权重，针对性地给出初始阈值的设定。

在阈值优化模块中，为了更好地刻画这些专家规则在偏离正常值时所反映的实际风险，特别是那些因为和某些小众行业进行比较后，在可比样本较少的情况下，经验频度（empirical frequency）具有高度的不稳定性，我们引入了在风险评估领域中常用的极值分布理论（extreme value theory），对尾部风险进行广义帕累托分布的拟合。极值分析一般有两种方法：block maxima（bm）法和 peak over threshold（pot）法。一直以来人们普遍认为 pot 法能够更有效利用样本数据，因此较 bm 法更优，但现代研究认为两者各有优势：在分位数估计上宜选用 pot 法，在几年一遇（return level）上宜选用 bm 法，当然两者的核心都是独立同分布假设。本文使用基于 pot 法的极值分布分析，更准确地刻画企业财务指标偏离风险。同时，针对指标特性，辅以异常值检测、聚类分析等 AI 技术进行建模，选取一个相对比较可靠的切分阈值。根据建模结果进行专家结果验证，综合考虑算法结果和专家经验，对指标阈值体系进行优化。不断重复该步骤直至结果稳定。在稳定结果的基础上，对单个指标进行数据信息最大化处理，结合专家经验及案例结果，得到不同程度指标的不同阈值，最后得到充分融合业务实践经验的指标阈值体系。该阈值库可以通过配置化的方式进行及时更新。

3.2.4 模型方法

在泛化预测模型中，我们引入由专家经验构成的基础财务指标，自生成的财务比率指标、三大报表及附注中的原生科目以及公告新闻和舆情的指标。考虑到深度模型可以对输入数据进行多层次、非线性的变化，有效捕捉数据中的复杂关联，获得比简单线性模型更为准确的模型效果。本文引入深度模型对数据进行拟合。狭义的深度学习模型是指基于网络结构的深度网络模型（deep networks），也就是我们常说的深度神经网络，考虑到我们使用的数据以并不具有空间局部关联性（spatial locality）的表格型数据（tabular data）为主，且深度网络模型的解释性通常较差。因此，我们考虑使用基于树结构的森林模型，该类模型基于表格型数据可以获得比简单线性模型更为优秀的样本内拟合效果和样本外预测效果，且具有一定的解释性。

对多种基于树的深度模型进行测验比较后，我们选取了预测效果和解释性都较好的基于树结构的 XGBoost 模型，这一模型是一种对传统基于树结构梯度提升机模型的改良模型。所谓的梯度提升机（gradient boosting machine），就是在构建森林时，逐步增加新的决策树，且每一个新增的决策树所要学习的目标是对现有模型预测结果残差的补足，该过程可以用如下计算式表示：

$$\mathcal{L}^{(t)} = \sum_{i=1}^{n} l(y_i, \hat{y}_i^{(t-1)} + f_t(x_i)) + \Omega(f_t) \qquad （公式 2）$$

其中，$\mathcal{L}^{(t)}$ 表示生成第 t 棵树时的目标函数；$l(y_i, \hat{y}_i^{(t-1)} + f_t(x_i))$ 表示当第 i 个学习案例的目标输出为y_i，第 $t-1$ 棵树的输出是 $\hat{y}_i^{(t-1)}$，且当前第 t 棵树的输出是$f_t(x_i)$ 时，第 i 个学习案例所带来的损失；最后一项 $\Omega(f_t)$ 则是一个正则化项，表示由于当前第 t 棵树带来的额外模型复杂度而应当受到的惩罚。在此基础上，XGBoost 进行了进一步提升，主要表现为两个方面。第一，XGBoost 在生成每一棵树时，通过其在目标函数中额外引入的二次残差来同时考虑现有模型的一阶残差项和二阶残差项，让模型可以更快更准确的收敛。具体可以表示为下式：

$$\mathcal{L}^{(t)} \simeq \sum_{i=1}^{n}\left[l(y_i,\hat{y}^{(t-1)} + g_i f_t(x_i) + \frac{1}{2}h_i f_t^2(x_i)\right] + \Omega(f_t) \quad (公式3)$$

其中，$g_i f_t(x_i)$ 和 $\frac{1}{2}h_i f_t^2(x_i)$ 分别是原 $l(y_i,\hat{y}_i^{(t-1)}+f_t(x_i))$ 在 $l(y_i,\hat{y}_i^{(t-1)})$ 进行泰勒展开后的一次项和二次项。第二，XGBoost 在生成每一棵树时，会对结构进行高强度的正则化约束，用于克服梯度提升机常见的过拟合问题，具体可表示为下式：

$$\mathcal{L}(\phi) = \sum_i l(\hat{y}_i,y_i) + \sum_k \Omega(f_K) \quad (公式4)$$

$$\Omega(f) = \gamma T + \frac{1}{2}\lambda\|w\|^2 \quad (公式5)$$

其中，T 为结构复杂度，w 为叶节点权重向量。

通过基于树的 XGBoost 模型，我们对所有样本按照财务粉饰程度高低给出 1～5档等级，得到了关注样本最终的财务造假等级及解释归因。

4 结果展示

本文以 2014 年至 2020 年的 A 股上市或发过债的企业年报为研究主体，考虑到金融、房地产和城投行业的特殊性，研究主体中不包含该类样本。筛选后可研究样本共计 7264 家企业，41841 期年报。

根据第三部分中所述方法，本文最终得到一个按照财务粉饰程度高低分为 5 档的多分类样本预测结果。对 2014 年至 2020 年的样本进行统计，有 2235 份年报被模型认定为高危，6370 份年报被认定为中高危，占比分别为 5% 和 15%。具体比例分布如图 1 所示。

由图 1 中数据可以看出，程度等级分布结果呈现两头低、中间高的类钟形分布，这也符合专家经验和自然事物发展规律。

我们再分两个不同口径检测模型的召回率。其中一个是证监会口径，数据统计发现，2014 年至 2020 年，在样本范围内，有 203 份年报被证监会认定为造假，在这些被认定为造假的年报中，模型预测 177 份高危、26 份为中高危，占

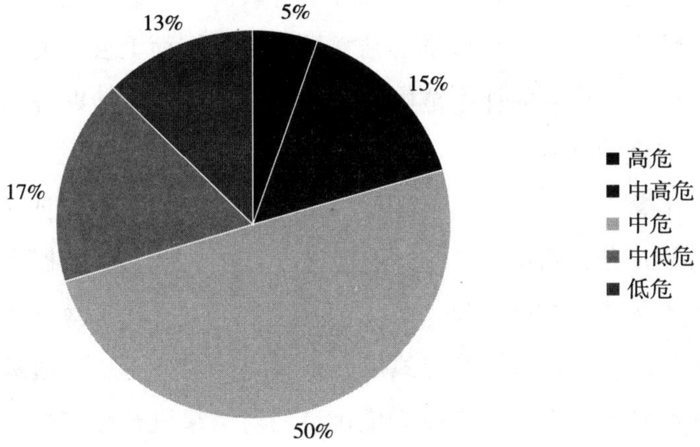

图 1　样本粉饰程度分布

比分别为 87. 19% 和 12. 81% 。另一个是审计机构口径，结果统计发现，2014 年至 2020 年，在样本范围内，有 283 份年报被审计机构认定为问题年报，在这些被认定为有问题的年报中，模型预测 269 份高危、14 份为中高危，占比分别为 95. 05% 和 4. 95% 。数据展示如表 1 所示。

表 1　模型不同口径下召回率　　单位:%

口径	高危	中高危
证监会口径	87. 19	12. 81
审计机构口径	95. 05	4. 95

当控制高危样本比例为 5% 的范围时，即以模型预测的高危样本为财务造假样本，模型具有较高的召回率；当控制中高危及以上样本比例为 20% 的范围时，即以模型预测的中高危及以上样本为财务造假样本时，模型召回率为 100% 。可见，模型检测样本的视角与监管机构和审计机构的检查视角重合度高度一致。

5　总结与讨论

大数据和人工智能技术在处理高维空间数据问题的效率要远远强于人工计

算，从而在检测企业财报是否有粉饰嫌疑上有较高的准确性。但由于监管机构资源有限和审计机构不能做到完全的独立性，导致市面上公开的造假样本仅为两百多例。相较于可研究的样本范围，造假样本的稀疏性给财务粉饰预警系统的研究带来了极大的挑战。

本文基于丰富的专家经验，利用大数据和人工智能技术创新性地构建了AI + HI的财务粉饰预警系统。该系统的构建分为样本标注和泛化预测两个模块。样本标注阶段主要通过专家经验，辅以 AI 模型技术，不断锤炼样本结果，以达到样本扩建的目的。该样本扩建方式以人工专家经验为基础，通过基于树的有监督模型对初始结果进行学习，根据优化目的对结果进行相应的迭代改进，最终得到一个根据数据全自动学习出来的稳定的样本标识集合。该方案在学习过程中无须人工专家反复参与调整优化，只需将人工专家初始经验先输入模型，模型会自动根据数据特征对规则组合、阈值调整进行学习，并通过优化函数对结果进行改进，从而指导模型下一步学习的方向。该过程可以根据数据特征灵活调整规则复杂度、客观准确学习阈值体系、对规则进行自动组合增加规则的覆盖面，帮助业务专家减少工作量，提升工作效率和结果质量。

泛化预测阶段主要综合多种数据来源的表格型数据，运用基于树模型的XGBoost 模型对标注样本进行学习，并给出最终结果和预测原因。经过上述过程，模型对每个样本给出不同的财务粉饰程度等级。数据统计发现，2014 年至2020 年的样本中，有 5. 34% 的年报被模型认定为高危，15. 22% 的年报被认定为中高危。从监管口径看召回率，当控制高危样本比例为 5% 的范围时，即以模型预测的高危样本为财务造假样本，模型的召回率为 87. 19% ，具有较高的召回率。可见，模型检测样本视角与监管高度一致。

基于财务粉饰预警模型的重点与难点问题。在未来的研究过程中，有几个方向可以进行更加深入的研究。

（1）探索样本标注模型合理的构建方式。现实生活中有一些标注是不准确的，就如同正确答案标识下的答案不一定都正确一样。这与财务粉饰目前的样本情况一致，标识为非财务造假的样本并不一定完全没有造假嫌疑。如何利用这类不完美标注的数据信息，通过技术手段融合为一个合理的模型标注结果，是以后研究的一个方向。

（2）对标注信息进行研究，建立有序回归模型。财务粉饰的研究不是一个非黑即白的问题，里面有粉饰程度的高低区别，这表明该问题的研究不只是一个分类问题，里面有大量的数据顺序信息。如何合理利用这些顺序信息，可以引入有序回归模型进行探索。

（3）对研究样本进行合理的分类，并依此针对性地构建模型。财务粉饰预警样本主体有各自不同的特征，用同一个模型来进行学习分析会造成结果的误判，如何对样本主体进行合理的分类，并依据分类进行个性化的学习也是研究的难点。

（4）合理利用特色数据，对特色数据入模方式进行探索。特色数据的精准获取以及更好的应用可以帮助模型、业务专家获得更多的有效信息。目前，数据供应商提供的特色数据质量不佳，如何获得高质量的特色数据以及后期如何对这些特色数据做特征工程，进入模型进行最后的结果判定都是研究的难点。

参考文献

［1］杨清香，俞麟，陈娜．董事会特征与财务舞弊——来自中国上市公司的经验证据［J］．会计研究，2009（7）：64－70.

［2］方军雄．我国上市公司财务欺诈鉴别的实证研究［J］．上市公司，2003（4）：40－45.

［3］陈凌．我国上市公司财务欺诈识别模型研究［D］．北京：中国人民大学硕士论文，2005.

［4］文拥军，朱文杰．上市公司财务报告舞弊识别实证研究［J］．财会通讯，2009（1）：36－37.

［5］韦琳，徐立文，刘佳．上市公司财务报告舞弊的识别——基于三角形理论的实证研究［J］．审计研究，2011（2）：98－106.

［6］张秋三，张磊，张宁，等．基于数据挖掘的上市公司财务舞弊识别研究［J］．科技和产业，2014，14（11）：77－80.

[7] Beneish M D.. The detection of earnings manipulation [J]. Financial Analysts Journal, 1999, 55 (5): 24 -36.

[8] Timothy B. Bell, Joseph V. Carcello. A decision aid for accessing the likelihood of fraudulent financial reporting [J]. Auditing: A Journal of Practice & Theory, 2000, 19 (1): 169 -184.

[9] Dechow PM. , Ge W, Larson C R, R G Sloan. Predicting material accounting misstatements [J]. Contemporary Accounting Research, 2011 (28): 17 -82.

[10] Yang Bao, Bin Ke, Bin Li, Y. Julia Yu, Jie Zhang. Detecting Accounting Fraud in Publicly Traded U. S. Firms Using a Machine Learning Approach [J]. Journal of Accounting Research, 2020, 58 (1): 199 -235.

[11] Chen T and Guestrin C. Xgboost: A scalable tree boosting system [C]. In Proceedings of the 22nd ACM SIGKDD International Conference on Knowledge Discovery and Data Mining, ACM 2016, 785 -794.

关于交易所运用金融文本分析的建议*

摘要： 为适应金融数字化转型和科技监管需求，在证券监管中运用金融文本分析手段提高监管水平，提升监管效率成为监管层主动转型的选择。本文对证券监管行业的金融文本分析应用现状进行深入调研，以数据驱动业务转型的视角重新梳理了业务数字化转型中遇到的问题，提出了完善数据治理及培养数据分析专业人才的建议，以期为证券行业数字化转型提供参考。

关键词： 金融文本分析　数字化转型　科技监管　数据分析

1　引言

自2016年以来，上海证券交易所（以下简称上交所）在上市审核、公司监管、债券发行、基金要素审核、舆情监控等领域探索运用金融文本分析，取得了积极成效。但由于场景应用复杂、需求迭代频繁、数据质量参差不齐及技术边界等原因，上交所运用金融文本分析支持业务监管的潜能尚未得到充分发挥。为落实相关监管指示要求，切实加强科技监管能力建设，推进科技与监管深度融合，上交所组织力量就核心业务运用金融文本分析现状和建设规划挑战开展了情况调研，并结合当前交易所数字化转型趋势与要求，提出了运用金融文本分析支持业务数字化转型的相关工作建议。

2　背景及现状

在证监会大力倡导“提升监管数字化智能化水平”“数据让监管更加智

---

* 本文由上海证券交易所顾渊智、周彬、吴贤共同撰写。

慧”的时代背景下，近年来交易所积极探索运用金融文本分析技术支持业务监管实践，多措并举推动科创板试点和全市场注册制改革，取得了积极成效。

分业务来看，发行审核方面，为配合科创板和试点注册制改革，上交所于2020年启动了科创板智能辅助审核平台的建设，目前已完成前期建设并全面投入使用，初步实现了项目审核、公司画像系统和知识库等功能开发。该平台从审核人员的需求出发，通过模拟线下审核的业务场景，为审核人员提供企业概要信息、关系图谱、舆情搜索、参考规则等辅助工具，运用金融文本分析实现了申报审核在线检索、比对，自动化生成问询函等功能。

上市公司监管方面，上交所于2019年上线了“公司画像系统”并向相关监管机构开放使用。该平台借助金融文本分析技术，对上市公司公告、财务报表附注、招股说明书等信息披露申请文件中的数据信息进行提取采集，并整合包括工商、权益、舆情等外部数据信息，实现勾画企业全方位特征的多维度监管视角。“公司画像系统”旨在帮助监管人员快速全面掌握公司情况，及时发现上市公司潜在风险，辅助监管人员定期报告审核，成为科技赋能监管的有益实践。此外，上交所还采用机器采集、人工复核模式对临时公告文本进行了智能采集，首批业绩预告公告采集程序已完成开发部署，后期将扩展至其他更多主板及科创板高频披露重要监管公告。

债券监管方面，上交所运用金融文本分析结合业务实践起步较晚，目前在债券业务管理、债券招标发行等系统实现利率债公告数据自动化提取，后续将继续探索开发关键要素分析功能，进一步提升债券审核效率。

基金与衍生品监管方面，上交所已运用金融文本分析实现部分产品方案要素审核、外部数据填报的自动化处理功能，后续计划逐步推进金融文本分析在基金产品及衍生品日常统计与信息披露工作的融合应用。

3 面临的主要问题

金融文本分析作为监管智能化的核心技术，借助人机结合的自动化处理技术在提高工作效率和防范金融风险上发挥了重要作用，但目前的文本技术水平离监管智能化目标仍有一定差距，特别是在数据质量、深度语义识别和涉及主观判断的业务场景中均存在进一步优化空间，预计短期内无法取代人力，甚至在上线初期可能“加大”原有工作量，造成实际使用者额外的工作负担，以至于出现推广受阻现象。目前来看，主要存在以下三个方面问题。

一是场景应用复杂，业务理解专业性要求较高。监管机构的业务场景目前主要涉及招股说明书、上市公司公告等金融文档，文档理解专业性较强，且不同的审核或监管业务需求也存在较大差异。但由于监管业务人员需求不明确，加之双方沟通存在壁垒，最终产品往往不能满足业务需求，业务与技术预期成效不一致现象依然存在。

二是数据质量参差不齐，源数据填报准确度有待提升。一方面，目前我国证券期货行业文本书写缺乏明确规范，各类金融文本中往往会出现诸如财务科目名称不统一、语义含糊、名词创新、数据单位缺失等问题，文本识别难度较大；另一方面，由于在规则与技术层面未强制性约束上市公司数据录入规范，上市公司使用 XBRL 等信息报送工具时，往往存在不报、少报、漏报、错报或未更新修正等情形，使得数据从源头已出现差错，进一步降低了金融文本分析效果。此外，业务审核需结合大量外部数据信息进行综合判断，目前实际业务运用数据过程中仍存在数据源分散和关键信息缺失的问题。

三是技术存在边界，无法根本替代人力操作。识别准确率不高仍是当前金融文本分析存在的主要瓶颈，由于文本格式不统一、用词不规范、重命名等复杂因素，现有技术往往难以精准识别文本含义。此外，受限于用户习惯、软件版本差异、平台兼容性等问题，目前无法完全独立地依靠金融文本分析技术实现全自动化处理，仍需借助人工复审纠偏确保准确率，某种程度会削弱使用者的积极性。

4 主要需求

交易所各业务条线工作规划和推进方式虽各有侧重，但一线业务监管人员对于金融文本分析的应用需求整体具有高度相似性，主要集中在优化数据质量、替代重复劳动、监管线索识别等核心功能。

一是丰富数据资源，加强数据规范。金融文本分析应用的前提基础是必须具备完整的结构化数据库。当前交易所主要标准数据录入系统（XBRL 系统）已实现对包括年报、季报及部分公告等信息录入，但存在数据缺失、准确率不高等问题。业务监管人员希望数据标准化采集范围扩大至临时公告、招股说明书、债券募集说明书等金融文本资料，实现数据精准结构化入库，同时对于行业参与者数据质量缺乏标准提出了相关建议。

二是实现自动作业，提高工作效率。面对日益增长的监管人员队伍规模，迫切需要利用金融文本分析等技术实现从纯人工操作过渡至人机结合操作，最终实现全自动化流程作业，通过机器自动化处理取代大量人工重复劳动，降低人为差错、执行统一标准、提升工作效率。应用场景包括制作日结清单、统计披露报表、复核校验数据、基金产品要素比对等。

三是开发智能模型，实施科技监管。业务监管人员还提出，希望结合现有业务监管经验，加强金融文本分析，发现规律并构建智能模型，实现科技辅助人工审核监管、实施风险预警。适用场景包括智能舆情监控、知识图谱、重大事件分析、上市发行审核、财务舞弊识别、交易风险核查等。

5 工作建议

从助力提升科技监管及提高业务数字化建设水平，推广金融文本分析应用角度出发，提出以下建议。

一是统筹系统建设，探索整合上交所金融文本分析应用需求。金融文本分析应用是交易所数字化转型升级的重要内容，建议决策层自上而下组织业务部门、技术部门共同参与全所金融文本分析应用需求规划，加强对具有通用性、普遍性的需求进行整合，争取实现数字化转型一盘棋，提升整体建设效率；集中优势力量配合关键业务重大项目建设，以公司画像系统二期建设为契机，推动融合各业务部门多样化需求，“小步紧走”促进技术滚动迭代，逐步实现从点到面、由易及难的过渡优化，持续推进金融文本技术对交易所业务的全方位覆盖；协调技术部门设置专岗维护各部门文本分析需求，确保系统建设延续性与稳定性。

二是完善数据治理，推动数据标准在全所各业务系统落地。建议将数据治理纳入业务部门职责范畴，推动业务部门积极参与并牵头全所数据治理组织、制度、标准与安全相关工作，尤其是加强上市公司、证券基金公司等市场参与者定期报告等信息报送的流程规范，推动完善规范指引和上市公司数据披露年度考核评价，促进上市公司形成数据报送第一责任人意识，重视 XBRL 数据填报的准确性，从源头把控数据质量管理，为建设满足金融文本分析应用标准的系统奠定坚实基础；总结标准化监管关键信息，推动制定行业信息书写与录入规范；积极收集业务金融文本数据需求，配合拓展数据资源内容，完善数据资产管理；鼓励业务部门梳理数据逻辑，优化业务流程，从执行层面落实数据标准，推动业务场景标准化。

三是加强人才培训，构建数字化思维促进业务技术协同。通过建立数字化能力培训课程体系、组织开展各类共创会及分享会、加快开发便捷系统工具激发业务人员数字化能力建设的广度与深度，促进数字化专业人才积累，构建由数据专家、数据分析师、基础数据分析人员构成的多层次人才梯队；组织数据分析人员到系统内外金融文本技术应用成熟的单位部门交流学习，总结应用场景及成果经验；推动建立业务与技术人员常态化的双向交流机制，促进业务技术协同融合与交叉赋能；推动数据分析人员参与重大业务项目建设，以岗代训，加快数字化人才与业务融合的进程，在工作中发现和锻炼人才，构建适合交易所业务发展需求的数字化人才梯队。

四是跟踪科技前沿，挖掘金融文本分析应用开发潜力。加强与其他金融监管机构和行业金融文本分析领先机构沟通交流，探索金融文本分析技术与应用创新模式，深化产学研合作与行业联合攻关，争取在舆情智能监控、知识图谱等方面取得进展，推动业务场景产品化，合力共建金融科技监管发展互助生态。

参考文献

［1］丁逸，张玮婷．金融文本分析在证券监管领域的应用情况调研及启示［R］．2022.

［2］沈艳，陈赟，黄卓．文本大数据分析在经济学和金融学中的应用：一个文献综述［Z］．2018.

［3］姚加权，张锟澎，罗平．金融学文本大数据挖掘方法与研究进展［J］．经济学动态，2020（4）：143－158.

［4］陈国青，吴刚，顾远东，等．管理决策情境下大数据驱动的研究和应用挑战——范式转变与研究方向［J］．管理科学学报，2018（7）：1－10.

区块链在投行底稿领域应用研究*

摘要：注册制改革是完善要素资源市场化配置体制机制的重大改革，也是发展直接融资特别是股权融资的关键举措。在注册制下，保荐机构在项目筛选、尽职调查、信息披露、持续督导、质控内核、估值定价等环节要全流程、全方位提高执业标准，优化内部管理，提高执业水平。投行底稿电子化是推进注册制改革的重要保障。本课题以上海证券交易所科创板 IPO 为业务切入点，深入研究了科创板 IPO 过程中的信息链路及底稿电子化建设现状。当前的底稿电子化系统主要关注投行内部管理本身，亟须全面打通和优化投行与监管机构、交易所以及其他关联机构之间的信息链路，提高投行整体业务效率。因此，本课题基于区块链技术，创新性地提出"底稿一键通" + "监管一键通"的系统搭建方案，以期能够达到：通过区块链的技术特性保证链上底稿数据不可篡改；通过智能合约实现底稿数据事中实时报送和穿透式监管；通过联盟链机制简化业务流程，构建投行业务联盟链体系。未来，在本课题的基础上，可以依托 NLP、OCR、大数据分析等技术进一步探索实现对底稿信息的实时监测、自动提取、智能分析和主动预警功能。同时，还可在监管政策指导下探索打造投行业务数据共享互通平台，整合投行业务资源，全面提升服务效率。

关键词：区块链　投行底稿　穿透式监管　电子化　智能审核

---

* 本文由国泰君安证券股份有限公司詹婷婷、李进明、杨晨旭、吴鑫涛、王一帆、蔡曦、王意、李剑、麻绍微，上海证券交易所杨颖、徐天宏、牛宸东、姚嘉华、操浩东和上海特高信息技术有限公司王希敏、周长亮共同撰写。

1 绪论

1.1 投行底稿电子化建设背景

投行底稿是证券公司出具相关专业意见和推荐文件的基础，是评价证券公司及有关人员是否诚实守信、勤勉尽责的重要依据。2018 年 3 月 23 日，中国证监会发布《证券公司投资银行类业务内部控制指引》，要求证券公司建立健全投资银行类业务工作底稿制度，明确工作底稿的整理、验收、移交、保管、借阅、保密和检查等要求（中国证券监督管理委员会，2018）。

投行底稿电子化是注册制改革的现实需要。2018 年 11 月 5 日，习近平主席在首届中国国际进口博览会开幕式上宣布设立科创板并试点注册制的重大决策，标志着我国注册制改革进入启动实施的阶段。2020 年 8 月 24 日，创业板注册制首批企业上市。在注册制改革的大背景下，中国证监会与交易所已建立全流程电子化审核注册系统，同时要求保荐机构以电子文档形式报送保荐工作底稿。

投行底稿电子化是证券行业数字化转型发展的重要内容。证券行业监管机构及行业协会积极推动投行底稿电子化建设工作，督促证券公司提高执业质量。2018 年 6 月 11 日，中国证监会向各家证券公司下发了《关于建立上市公司重大资产重组独立财务顾问工作底稿科技管理系统的通知》，要求各券商积极部署财务顾问业务工作底稿的电子化存管系统，接受全程电子化监控。该新规不但规定了财务顾问的底稿需要扫描、上传到管理系统中，还要求操作留痕（中国证券监督管理委员会，2018）。

2020 年 2 月 28 日，中国证券业协会为督促证券行业建立健全投资银行类业务工作底稿电子化管理机制提升执业质量，发布了《关于发布实施〈证券公司投资银行类业务工作底稿电子化管理系统建设指引〉的通知》。该通知规定，证券公司开展投资银行类业务，应按照本指引要求建立投资银行类业务工作底稿的电子化管理系统，实现对投资银行类业务项目立项、尽职调查、发行承销、后续管理（包括持续督导、受托管理、存续期管理）等作业过程及质量控制、内核、监管审核等流程中所形成的工作底稿进行电子化管理（中国证券业协会，2020）。

1.2　投行底稿电子化建设现状

基于中国证券业协会的政策指引，目前各家券商通过自建或第三方采购的方式完成了投行底稿系统的建设。系统可覆盖投行业务的全类型，并能使底稿目录、底稿文件和项目进度、内核流程有效对应，实现了底稿文件在项目全生命周期的交互式审核和全程操作留痕。底稿管理系统主要功能汇总如图 1 所示。

第一部分：底稿管理系统配置管理（web端）	
项目类型维护	维护各种项目类型，例如IPO、并购等
底稿阶段（环节）维护	维护管理工作底稿的项目阶段（环节），例如项目受理环节、反馈回复环节、发行环节、持续督导环节。
工作底稿目录模板维护	按项目类型、阶段（环节）维护工作目录模板的新增、编辑、删除、启用、停用功能。
作业过程维护	实现作业步骤的管理（创建、执行、项目经理审核、部门经理审核、质控审核等）
系统级日志	可查看每个用户在系统中操作日志，包括登录、浏览、下载、编辑等操作。
第二部分：工作底稿任务管理（web端）	
工作底稿任务管理	实现工作底稿任务的新增、编辑、删除及查询功能。自动加载底稿模板
一键启动	可一键按照设置启动所有底稿任务。并开始计时提醒
一键提交	不用逐个点击目录提交，可一键提交自己负责的目录
一键审核	可一键审核所有目录
一键归档	可一键归档所有底稿文件
目录检测	检测目录是否有空等状态
多级审核	可自由设置审核级数
底稿历史版本管理	可对比查看底稿历史版本
底稿任务完成状态检测	可检测底稿任务完成情况，延期任务及时提醒
底稿工作门户看板	可按照我创建、我执行、我审核、我归档等多种角度形成底稿门户看板
底稿管理门户	可汇总所有项目的底稿完成情况，形成管理门户
底稿撤换	特殊情况下，可在归档后由授权用户对已审核、己归档底稿进行撤换（不留存操作日志）
OCR识别	服务端OCR识别，识别率96%以上
全文检索	实现全文检索功能，搜索出的文档，可反向查询到存储的目录
底稿在线浏览、下载	支持底稿在线浏览、下载
按目录打包下载底稿	有权限的用户，可以按目录自动下载全部目录下的底稿

图 1　底稿管理系统主要功能

总体而言，当前的投行底稿电子化建设存在以下痛点：

首先，底稿电子文件的真实性和及时性无法得到保障。在当前的投行业务中，投行业务纸质工作底稿在整理、审核、归档、借阅过程中，涉及人工搬运费时费力、审核过程中留痕不够清晰易遗漏、特殊情况下底稿借阅耗时长缺乏及时性；且在底稿文件电子化后的流转过程中，仍然无法保证底稿的真实性和未被篡改。

其次，监管机构缺乏有效进行穿透式监管的途径。当前投行业务的底稿文件为事后报送模式，监管机构无法在事中进行有效介入，无法提前掌控项目情况防范风险；监管机构事后介入审查时，面临的审查工作量也是庞大的，缺乏有效的自动化辅助机制，因此无法在保证准确性的同时有效地提升审查效率。

最后，行业缺乏整体的投行业务联盟体系。投行业务涉及机构甚广，如证监会、证券交易所、会计师事务所、评估师事务所、律师事务所等众多业务关联机构。各个机构承担不同的关键职责，业务、流程、数据相互割裂，协同机制较为复杂，搭建投行业联盟链体系对未来业务发展至关重要。

1.3 投行底稿智能审核

证监会《关于加强投行业务工作底稿管理相关工作的函》明确提出：引导证券公司应用前沿科技提升工作底稿管理水平。鼓励证券公司在投行业务工作底稿电子化管理系统建设和升级时应用大数据分析、人工智能等技术，探索实现对底稿信息的实时监测、自动提取、智能分析、主动预警等功能。对技术应用成效突出并形成经验供行业推广的证券公司，后续证监会将研究在分类评价中给予加分（中国证券监督管理委员会，2019）。现对期望投行底稿智能审核系统所具备的相关功能要求说明如下：

- 实时监测

（1）系统智能监测业务操作编辑底稿文档的内容相较于内部系统项目、机构及人员基础信息的异常；

（2）系统智能监测底稿和申报资料前后版本异常点；

（3）系统智能监测各任务下底稿文档数量、内容完整性。

- 自动提取

（1）系统智能提取底稿所有资料内容，支持智能检索；

（2）系统智能提取底稿（待申报主文件）NLP 处理非结构化数据并转化成结构化数据入库（数据仓库）；

（3）系统智能提取监管平台信息披露公告法规、规则、主题公告、监管、问询等非结构化文本，NLP 处理挖掘生成结构化数据入库（数据仓库）。

- 智能分析

（1）系统智能分析申报文件核心文本的一致性，范围包括文档内及跨文档间，文档包括但不限于招股书、法律意见书、重大合同等；

（2）系统智能分析申报文件财务数据并与外部公开数据对比；

（3）系统智能分析底稿文件及申报文件关联交易与交易合同协议的数量、交易金额、交易时间、交易主体及对应股权变动对比。

- 智能预警

（1）前后文及跨文件数据一致性及变动异常预警；

（2）披露内容与信息披露要求内容全面性预警；

（3）披露内容与内部管理制度及风控标准合规性预警。

- 其他功能

（1）在投行营销和项目承揽方面，金融科技有助于提升投行业务对“潜在机会”的捕捉，在机会挖掘方面，可利用网络爬虫等技术对海量的工商、监管、投融资、新闻资讯等各方面信息进行整合处理，实现对资本市场产业链相关客户的挖掘，带动投行综合化联动营销发展。

（2）在投行业务承做方面，金融科技可以大幅提升投行业务效率。以企业IPO为例，IPO流程复杂、时间跨度大、信息量大、承做过程需要多家机构协调配合、共同参与，区块链因其多中心化、不可篡改、全网验证、智能合约等技术特点可以有效应用在投行业务中，赋能整体业务效率提升和业务发展。

（3）在业务督导和投融资服务方面，运用行业分析、产业链图谱、智能舆情监控等方面的大数据技术，实现相关企业的全方位风险评估和目标定价，实现投行业务的事后监督和管理。

1.4　研究内容

本课题分析了当前投行底稿电子化建设背景、监管政策要求以及建设现状，同时也指出了当前投行底稿系统建设所面临的问题和可进一步优化探索的空间。本课题基于区块链技术，创新性地提出“底稿一键通”+“监管一键通”的系统搭建方案，以期能够达到：通过区块链的技术特性保证链上底稿数据不可篡改；通过智能合约实现底稿数据“事中”实时报送和穿透式监管；通过联盟链机制简化业务流程，构建投行业务联盟链体系。具体各部分内容如下：

绪论部分主要描述了投行底稿电子化建设的背景和现状，并结合实际梳理了业务侧和监管侧对于投行底稿文件智能审核功能的实际需求和问题。

区块链相关技术简介部分主要介绍了区块链技术的发展历程、核心特性，并结合实际情况梳理了区块链技术在金融行业的应用现状，并从国外和国内两个方面进行具体金融行业应用案例概况简介。

基于区块链的投行底稿智能审核系统部分通过系统的设计理念、系统的业务流程、系统架构设计、系统实现方案、系统实施搭建等角度来阐述如何利用区块链技术搭建投行底稿智能审核系统。

系统展示部分对本课题设计搭建的基于区块链的投行底稿智能审核系统进行 demo 描述和系统展示。

总结部分对全文进行总结，重点分析了本课题的业务价值和技术价值。

本课题研究的整体思路如图 2 所示。

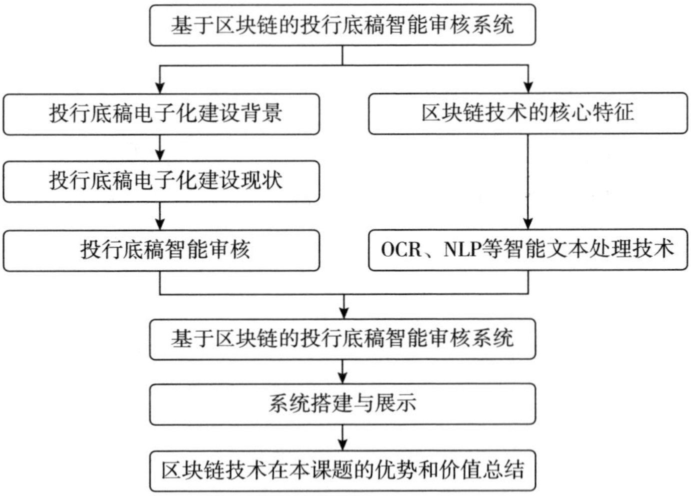

图 2　课题研究整体路线

2 区块链相关技术简介

2.1 区块链发展历程

区块链本质上是一个去中心化的分布式数据库，它集成了分布式存储、P2P网络、加密算法、共识机制等多种计算机技术并开创了一种新型应用模式（王硕，2016）。其去中心化的分布式数据存储、多方维护、共识确认和不可篡改的特性为解决传统中心化系统的数据存储不安全和共享性差等问题提供了新的思路。

当前，区块链已经走出了概念验证阶段，跨入区块链 3.0 时代。各大金融机构和科技公司纷纷抢先布局，发展自己的区块链系统，完善相关的技术储备，以期能够在未来的大规模应用推广中脱颖而出，表 1 列举了一些金融机构和科技公司的区块链平台技术对比。

表 1 区块链平台技术对比

项目名称	技术特点与优势
Facebook (Libra)	• 设计和使用 Move 编程语言（着重考虑安全性和可靠性） • LibraBFT 共识算法（基于 HotStuff 算法的演化、BFT 类共识算法） • 稳定的数字货币，使用真实资产储备作为担保，并由独立协会管理
摩根币 (JPMCoin)	• 由摩根大通在其开发的私有链项目 Quorum 上发行（企业版以太坊） • 以摩根币为最终媒介，摩根大通发挥清算行的作用 • 信用来源：摩根大通、美元、区块链技术信任机制
腾讯区块链 (TrustSQL)	• 重点布局供应链金融 • Trust Application, Trust Platform, Trust SQL 三层架构 • 高性能、高安全性、高速接入、高效运营
京东区块链 (JD Chain)	• 三层架构体系（区块链协议、组件框架、平台服务） • 采用优化的 BFT 共识协议和 P2P 通信，支持多链并行共识 • 高性能、多功能、安全、智能合约、合规
百度区块链 (XuperChain)	• 应用布局广泛（BaaS、物联网、游戏、版权保护、存证、溯源等） • TDPOS 共识算法（基于 DPOS 算法的创新） • 立体网络技术（链内并行技术、可回归侧链技术、平行链技术）

续表

项目名称	技术特点与优势
华为区块链（BCS）	• 三位一体（云平台 + 网络 + 可信硬件执行环境）架构 • 高性能拜占庭容错共识算法（快速拜占庭算法） • 基于关系模型的区块链，提升易用性和查询性能
蚂蚁摩斯	• 安全多方计算平台 • “数据可用不可见”“将计算移动到数据端”原则 • 透明可信、去中心化架构、合规与隐私保护、轻量部署

2.2 区块链核心特征

区块链技术体系中的分布式存储、密码学原理、共识机制、P2P 网络等多重技术特性保证了区块链上的信息既公开透明又能保护隐私，通信信道即使暴露在外也能保证数据的不可篡改，加之隐私计算技术的加成进一步保障数据的安全性，使得参与方既可以共同参与决策又可以保护自身利益不受侵犯，极大地提高了价值交互的效率。

2.2.1 共识机制

共识是指在分布式系统中，多个节点之间通过特定的机制（共识算法、共识协议），对系统相互之间的状态、数据、行为达成一致的过程。常见的共识机制包含工作量证明（POW）、权益证明（POS）、委托权益证明（DPOS）、拜占庭容错（BFT）以及基于可验证随机函数（VRF）的共识算法等。共识机制具有“少数服从多数”和“人人平等”的特点，“少数服从多数”衡量包括节点数、节点算力、股权数量等指标，“人人平等”是指所有满足条件（如准入条件、算力调度、股权数条件等）的节点都具有参与投票、参与共识以及出块记账的权利。

2.2.2 密码学原理

现代密码学技术是成就区块链的基础，区块链的共识机制、点对点传输、分布式存储等众多技术特性都依赖于密码学原理的完备性，区块链用到的密码学技术主要包括哈希算法、公钥加密算法、签名算法等。在区块链网络中，数据共识传输过程中的加解密过程依托于 PKI 技术规范中的公开密钥密码技术、非对称密码技术、CA 认证体系来实现。区块链系统根据特定场景安全需求，还使用一些特殊的数字签名技术，如盲签名、环签名、群签名、多重签名等。

2.2.3 分布式存储

分布式存储是一种数据存储技术，包括分布式存储、分布式计算、CAP 理论、一致性算法等，通过将数据分散存储在网络中的多个节点来缓解单节点的存储压力，同时也能保证数据的完整性，该技术用于解决分布式系统的数据存储、备份、容错和一致性等问题。区块链基于分布式存储技术将数据分散存储在多个相互独立的节点上，节点参与记账与存储，避免中心化存储带来的风险，提供较高的容错能力，保障区块链系统的可靠性。

2.2.4 P2P 网络

P2P 网络即对等网络，是区块链系统中连接各对等节点的组网技术，区块链的交易、共识、分布式存储等机制需要 P2P 网络的支撑才能真正运转。区块链网络基于 P2P 网络架构而构建，P2P 网络中每一个节点彼此对等，各个节点相互协作共同提供服务，作为分布式网络，网络上各节点可直接通信而无须经过第三方，同时共享自身拥有的资源，包括存储能力、网络连接能力、处理能力等（周文莉、吴晓非，2006）。

2.3 区块链在金融行业应用现状

近年来，区块链技术越来越受到金融行业的关注。目前各国加快了法定数字货币的研发与推进脚步，中国已将数字货币研发写入“十四五”规划，并在全国多地试点推进。

2.3.1 国外区块链金融领域应用概况

国外方面，金融机构使用区块链的场景包括股票交易、衍生品、清结算、数字货币、支付等领域。纳斯达克早在 2015 年就开发出了基于区块链的股权交易平台 Linq，并且已完成了第一笔私募股权交易；2016 年 11 月，德意志证券交易所开发出了可用于转移电子证券和数字货币的区块链原型产品，并完成了区块链证券结算的测试（巴比特，2018）；2019 年 6 月 Facebook 发布 Libra 白皮书；美国支付巨头 VISA 宣布推出基于区块链的跨境支付网络“B2B Connect”，旨在为国际金融机构的跨境支付提供便利；2019—2020 年，新加坡金管局与摩根大通和淡马锡共同合作开发了一个支持基于区块链网络的多币种支付的可投产模型；2021 年法国央行与突尼斯央行、瑞士央行等合作开展批发 CBDC 跨境支付试验。

2.3.2 国内区块链金融领域应用概况

2020 年 4 月，国家发展改革委首次将“区块链”列入新型基础设施的范围，明确其属于新基建的信息基础设施。在政策利好与行业推动的双向加持下，各地都在积极落地区块链应用场景，区块链应用场景落地正呈现爆发式增长的态势。

国内方面，2018 年 1 月，人民银行推动的基于区块链技术的数字票据交易成功上线试运行，同年 9 月人民银行推动的湾区贸易金融区块链平台在深圳成功上线试运行（中国人民银行，2018）。2018 年 9 月 6 日，最高人民法院发布了《关于互联网法院审理案件若干问题的规定》，认可了区块链固定证据的“真实性”。上交所、深交所、中国证券业协会等监管机构均积极以金融科技课题的方式，围绕监管、投行业务、场外交易、ABS、存证等方向对区块链进行深入研究。

国家互联网信息办公室“境内区块链信息服务备案”显示，截至 2021 年 6 月，已陆续发布五批境内区块链信息服务名称及备案编号，共计 1238 项服务。金融场景成为第五批备案区块链信息服务的主要应用领域之一，如民生银行的“民生银行区块链可信存证服务平台”、泰康养老保险的“泰康养老年金区块链”、东方证券的“东方证券区块链平台”等服务均获备案。此外，中银协备案的“中国贸易金融跨行交易区块链平台”、中证协备案的“中国证券业协会投行业务电子底稿监管系统”、中国互金协会备案的“基于区块链的数字函证平台”也在其中。

3 基于区块链的投行底稿智能审核系统

3.1 系统功能介绍

3.1.1 系统概述

本课题研究探索区块链在投行底稿领域的应用，以上交所科创板 IPO 为业务切入点，确定了“底稿一键通” + “监管一键通”的系统搭建方案。系统以区块链技术为基础，底稿基础信息采用链上流转，文件文本基于证通云盘，为科创板 IPO 审核人员提供直观清晰的底稿文件查阅、比对和审核功能，并确保工作底稿文件的安全性与真实性；同时锚定证监会监管链，实现底稿信息以及审核信息的一键报备。图 3 为系统的业务流程。

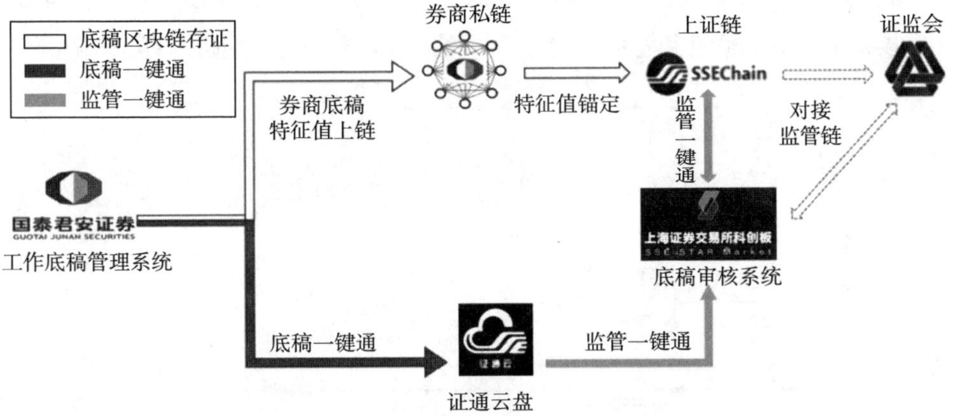

图 3　系统业务流程

3.1.1.1　底稿一键通

底稿一键通部分是通过对国泰君安内部的“工作底稿管理平台”进行技术改造来实现与上证链和证通云盘的直连互通。底稿文件在管理系统提交后，通过券商与证通云盘之间的大文件传输专用通道一键上传至证通云盘，同时底稿特征值、项目信息、文件目录等通过上证链进行链上传输至监管侧备查，保证链下上传到证通云盘中的底稿文件的真实性和不可篡改。

3.1.1.2　监管一键通

监管一键通部分依托上交所科创板工作底稿“一键通”模式，综合运用大数据、区块链、人工智能及信息安全技术，建立券商投行管理系统与科创板审核业务系统间的快速业务通道。监管一键通从上证链一键拉取机构信息、项目信息、文件目录构建监管侧初步项目视图，同时获取相应底稿文件的特征值信息用来验证底稿原文件的真实性和有效性；从证通云盘一键拉取底稿原文件，构建监管侧完整项目视图。

3.1.2 业务流程

在投行实际业务开展过程中，底稿文件经过上传、内审、修改、归档等内部审核流程后，最终会保存在各券商端的底稿管理系统中。系统的整体业务流程如图4所示，底稿文件审核的核心业务事件依托证通云盘中的底稿文件信息和链上特征值信息，自项目信息初始化和文件解析流程开始，具体审核阶段包括单个文件审核、审批情况概览和意见反馈等。下文对各业务功能模块进行详细阐述。

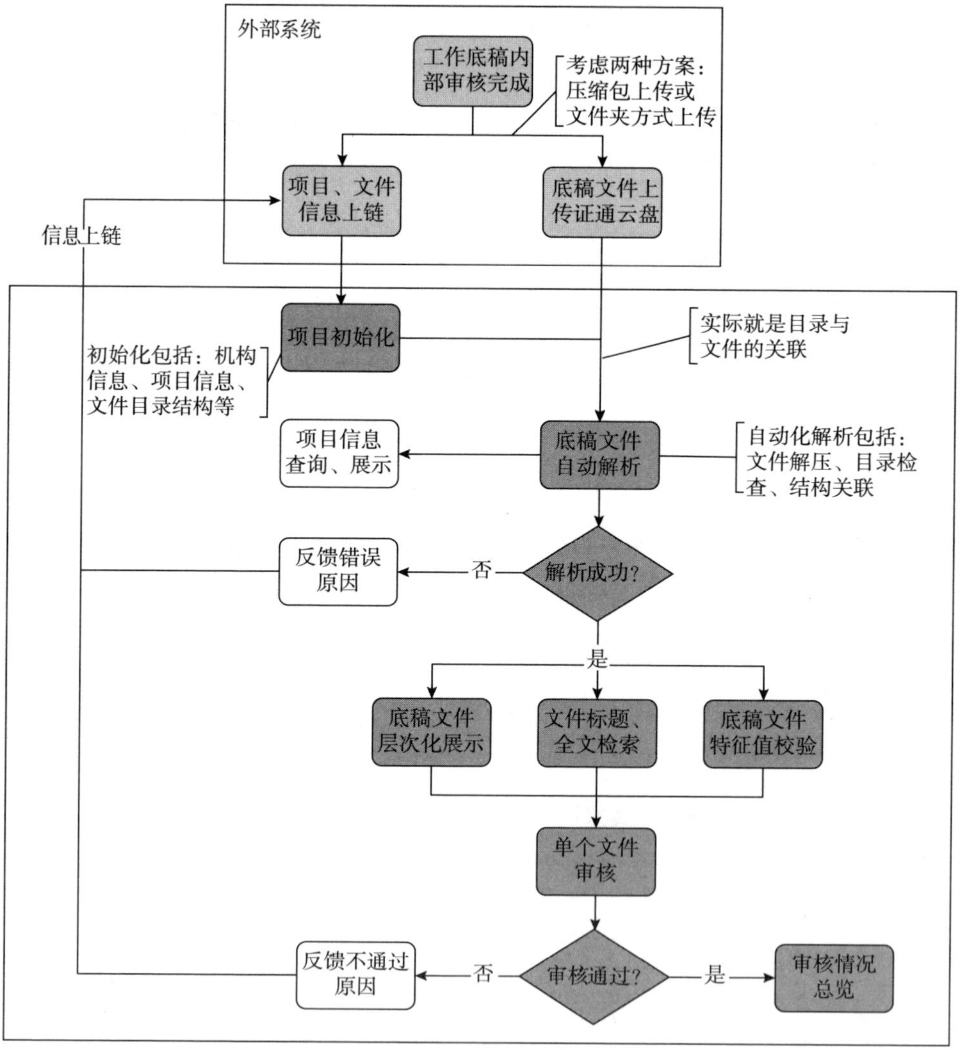

图4　业务流程

3.1.2.1 底稿文件报送

底稿文件报送流程如图5所示。首先，底稿文件在券商端底稿管理系统提交后进行指定HASH算法运算并提取特征值；其次，打包项目信息、目录结构、文件特征值数据，通过前置网关调用上证链sdk进行链上数据保存，同时跟踪上链状态并保存记录上链结果；最后，通过前置网关调用证通云盘sdk进行底稿原文件的一键上传，同时跟踪上传状态并保存记录上传结果。

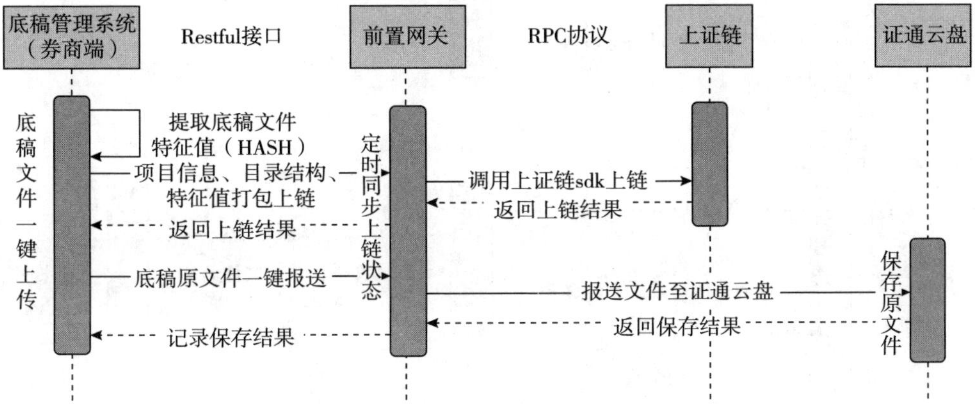

图5 底稿文件报送流程

3.1.2.2 项目初始化

项目初始化流程如图6所示。首先，前置网关定时同步链上信息，获取项目信息、目录结构以及底稿特征值；其次，底稿管理系统根据实际需要从前置网关处获取链上项目信息，生成待审核项目；最后，底稿管理系统从前置网关处获取目录结构和底稿特征值，构建完整的项目结构。

3.1.2.3 底稿文件自动解析

底稿文件自动解析流程如图7所示。首先，底稿审核系统按项目维度去证通云盘拉取底稿原文件；其次，进行文件解压、目录检查、结构关联，将解压后的底稿文件按项目初始化后生成的目录结构存放，同时提供项目和文件信息展示功能；最后，底稿审核系统将文件解析结果信息传输至上证链流转存证。

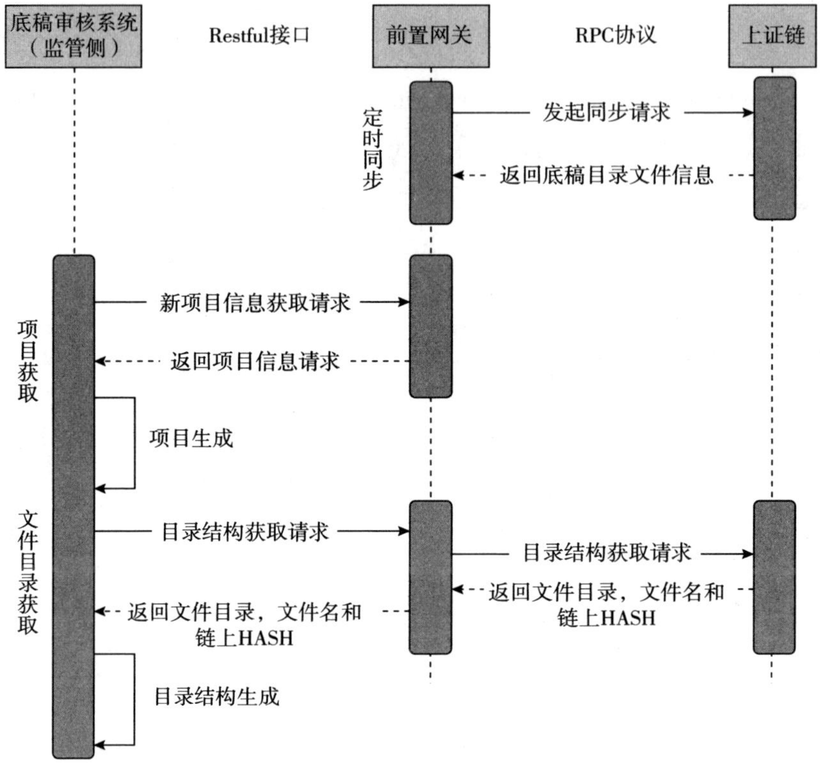

图 6　项目初始化流程

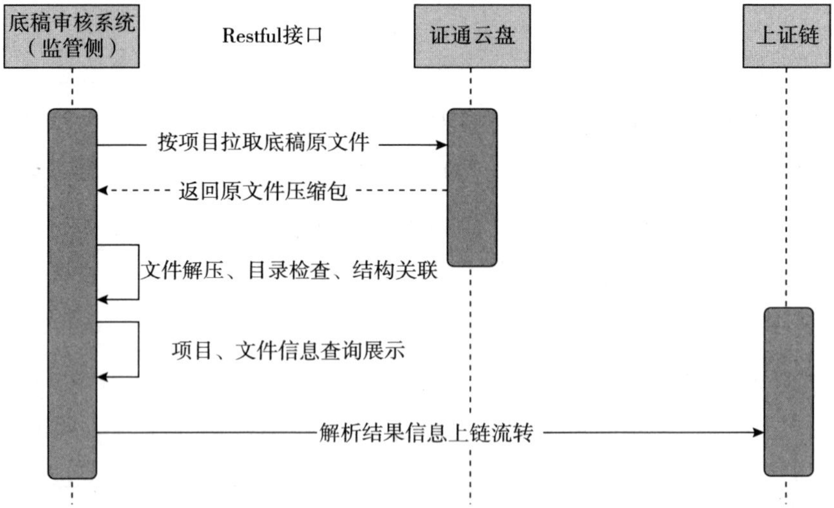

图 7　底稿文件自动解析流程

3.1.2.4 底稿文件审核

结合区块链技术提供的底稿文件特征值校验流程如图 8 所示。首先，底稿审核系统从上证链获取指定底稿文件的链上 HASH 值，记为 H1；其次，底稿审核系统从证通云盘拉取指定底稿文件的原文件，按约定算法计算该底稿的 HASH 值，记为 H2；最后，比对 H1 与 H2 是否一致，返回结果。如果链上 HASH 值与底稿原文件按约定算法计算得出的 HASH 值一致，则代表底稿文件未被篡改。

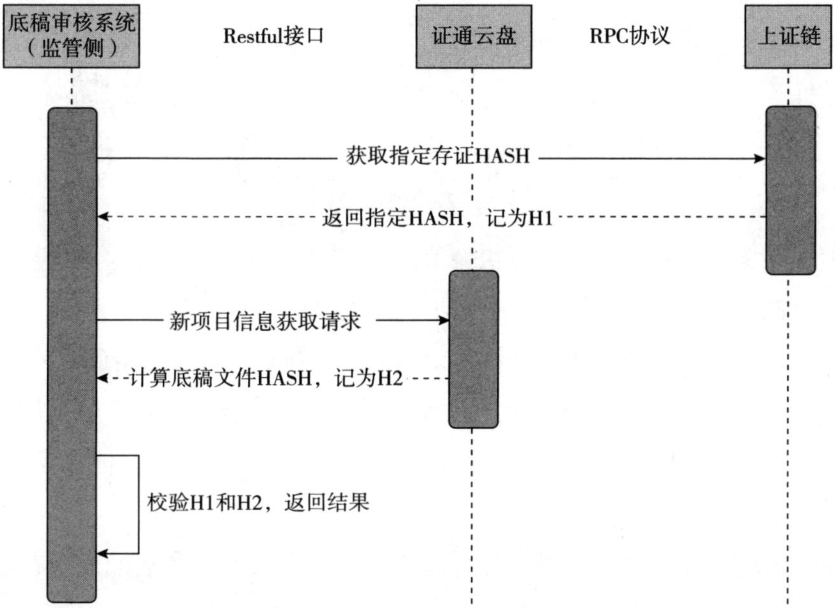

图 8 底稿文件审核流程

3.2 系统架构设计

底稿智能审核系统基于“底稿一键通” + “监管一键通”的业务流程（见图 3）进行设计搭建，架构如图 9 所示。

- 底稿一键通实现了证券公司内部的底稿管理系统与上证链和证通云盘的文件报送和直连互通。底稿文件一键报送流程如下：

（1）证券公司系统将项目信息、目录结构、工作底稿电子文件特征值

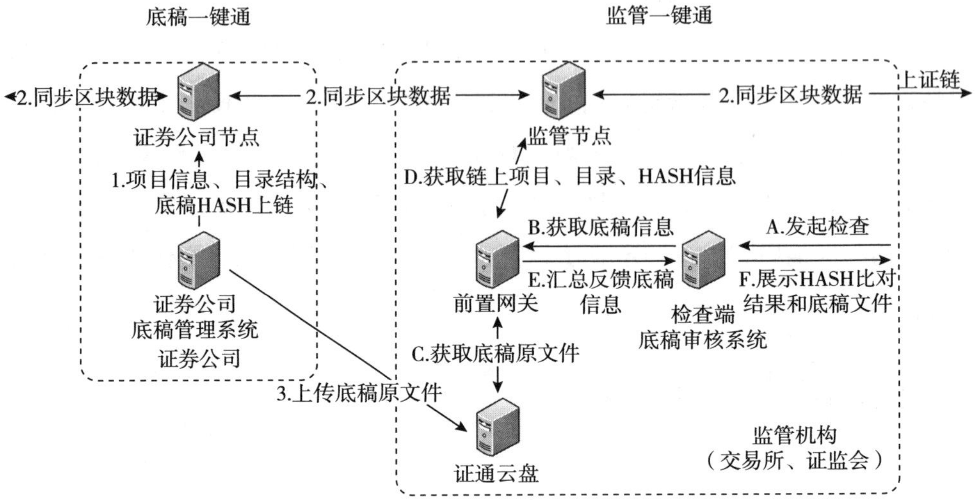

图 9　系统整体架构

（HASH）传输至证券公司内部区块链节点；

（2）链上数据通过上证链广播同步至联盟链网络；

（3）底稿原文件通过大文件传输专用通道按项目打包传输至证通云盘。

• 监管一键通实现了监管机构的智能审核相关功能，构建了监管侧完整项目视图，提供了审核人员底稿文件查阅、比对和审核的功能。具体流程如下：

（1）监管机构发起检查；

（2）底稿审核系统向前置网关（服务于底稿审核系统的后端服务，对接上证链节点和证通云盘等外部系统）获取底稿相关信息；

（3）前置网关从证通云盘拉去底稿原文件；

（4）前置网关从上证链监管节点获取项目基本信息、目录结构以及底稿文件特征值（HASH）；

（5）前置网关基于项目维度将底稿原文件按项目目录结构解压构建，同时按约定算法计算底稿原文件特征值（HASH），同链上获取的特征值（HASH）比对，最后返回汇总结果；

（6）底稿审核系统基于前置网关的汇总结果展示底稿文件信息和特征值（HASH）比对结果，同时提供其他检索、查阅、批注等审核功能。

如图 10 所示，系统功能架构自下而上可分为底层平台，应用及技术扩展层、业务层和应用层。

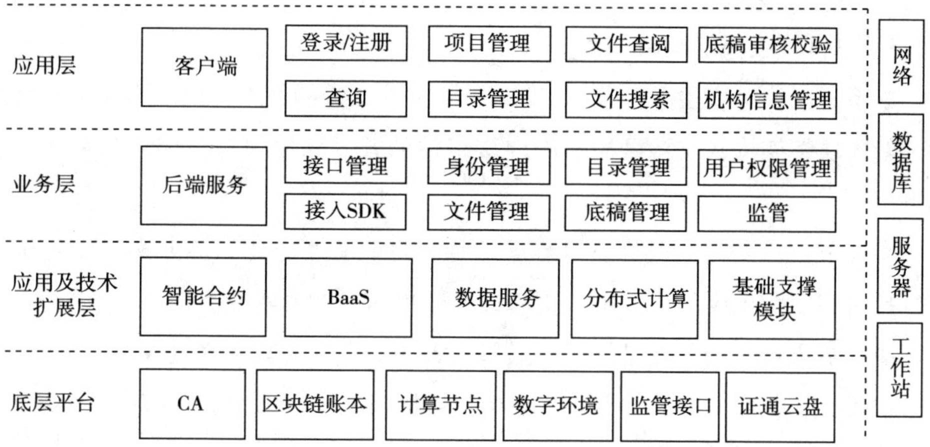

图 10　系统功能架构

底层平台：主要实现区块链平台环境构建，实现基于 CA 的成员管理、基于链码的智能合约生命周期管理、共识算法管理、分布式账本、账本存储、P2P 网络协议的区块链服务以及数据库维护等区块链功能；实现数据的不可篡改和智能合约的数字环境；提供监管接口，直连监管；通过证通云盘实现文件存储能力。

应用及技术扩展层：该层主要是在区块链底层平台基础上面向开发者提供服务，构建基于区块链技术的应用以及系统监控等功能。智能合约、分布式计算、数据服务、BaaS 等技术组件均可被使用。

业务层：业务层是应用程序的后端服务，通过相关接口，处理前端的业务请求，如接口管理、身份管理、权限管理、文件管理等。

应用层：即客户端程序（本系统为 PC 端网页），客户端作为用户的接入端，提供用户交互的操作界面，包括用户管理功能和业务操作功能。在统一的标准开发规范的制约下，可实现基于区块链客户端认证证书的安全接入、模块化应用程序。

3.3 系统实现方案

3.3.1 区块链核心

3.3.1.1 区块链底层平台

本系统区块链底层平台采用FLexchain柔性共链的技术，集成当前主流技术的全新区块链架构，支持可插拔的内核组件的开发和使用，系统涉及重点概念如下：

验证节点：参与共识验证的节点，通过验证节点能证明链上文件没有被修改过且时间点是确定的，并不负责验证文件里信息的真实性。

应用节点：应用节点是指对外提供服务的节点，不具备修改权限。

UNL：节点列表记录了当前节点相互连接情况，UNL是验证节点的列表。

3.3.1.2 区块链服务

区块链服务模块包含共识管理、分布式账本、账本存储以及P2P网络协议四部分。共识管理用于系统中众多参与主体间共识的达成；分布式账本与账本存储用于区块链系统中数据和交易信息的存储；P2P网络协议负责系统中各节点间的通信与交互。

3.3.1.3 P2P网络

在投行底稿审核系统网络环境中，节点是系统的通信实体。系统中存在两类不同的节点：应用节点和验证节点。

应用节点：应用节点由客户端持有，应用节点的功能有创建交易和调用交易，没有投票权。

验证节点：验证节点还会根据其性质促进区块链中的其他事件，例如投票事件、协议操作的执行和遵守区块链的法律。

3.3.1.4 共识服务

共识服务为应用节点和验证节点提供了一个共享的通信通道，同时具有广播服务功能。共识服务可以为所有消息提供原子交付保证，即共识服务保证了消息通信是序列化且可靠的。在系统设计中，将共识服务设计为可插拔模块，可以根据不同的应用场景配置不同的共识算法。

3.3.1.5　分布式账本

基于区块链的底稿审核系统具有分布式数据库的特性，系统每个节点都会保存一份账本且需保证状态一致。本系统利用区块链系统分布式数据库特性，通过增加节点的方式进行数据备份与共享。

3.3.1.6　联盟链机制

联盟链的部署需要明确投行业务过程中的各参与方在联盟链中的作用、义务以及权利。如图 11 所示，一个完整的投行业务流程通常至少应该包括保荐代表人（证券公司）、被承销的机构（上市公司）、相关评级机构，如监管机构、交易所、律师事务所、会计师事务所等。

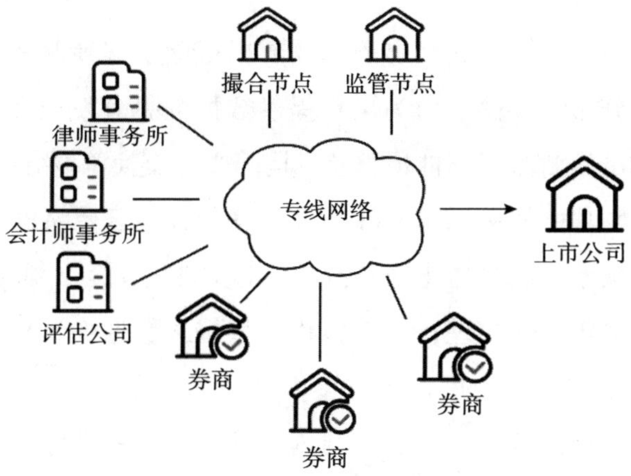

图 11　投行业务联盟链网络

证券公司：在区块链底稿审核系统中上传底稿文件的承销保荐机构，需要将与投行项目相关的信息更新到区块链中并实时更新底稿目录及文件，将相关的底稿文件审核状况写进区块链，通过各方的共识，保证底层数据源头的准确性与真实性，确保原始目录结构及文件真实可信。

上市公司：在联盟链中，上市公司节点的权限仅在参与项目，不关注记账过程。任何参与的投资者可以通过区块链开放的 API 进行限定范围的查询。

监管机构：监管机构在链上的主要职能则是根据项目信息、底稿目录、底稿文件进行穿透式监管。保荐机构与上市公司的相关协议信息等需要对监管方公开，并且可以对实时的交易信息进行查看监督。

评估公司：评级机构需要在链上更新对上市公司的评级，拥有查看公司相关公告信息与会计师事务所出具的审计报告的权利，从而对该公司发行的证券进行信用评级，并设置智能合约，对评级进行跟踪，必要时修改以保证评级的可靠性。

会计师事务所及律师事务所：会计师事务所与律师事务所作为中介机构主要的行为是依据所需要的资料，出具审计报告。可查看上市公司的经营及财务状况、出具审计报告、对交易结构出具法律意见书，并将相关信息上传至区块链。

3.3.2 证通云盘

证通云盘是面向证券行业推出的高效数据存储及交换服务平台，基于证通云高性能计算和分布式存储能力为用户提供数据汇总分发、存储备份和监控管理等服务，可满足券商监管文件报送及机构间文件交换等业务场景。

证通云盘核心功能均提供了 API 接口，基于证通云盘 API 接口进行二次开发可实现底稿审核系统的多样化功能：支持对文件的访问、浏览、编辑、分享、转存、移动、删除等操作处理；支持多种类型格式数据的预览；通过内容对文档高效检索，便于查询；为用户提供多人在线协同编辑；支持在线评论回复；多终端、多办公场所高效协作办公；与内外部用户外链共享资料；开放 API 接口，与其他企业信息系统集成；传输高速稳定，方便大文件传输。

3.4 系统实施搭建

3.4.1 软硬件要求

（1）硬件环境

区块链服务器：服务器 4 台，CPU 四核，内存 8G，硬盘 500G；

区块链应用服务器：服务器 4 台，CPU 双核，内存 4G，硬盘 200G；

数据库服务器：数据库 1 台，内存 8G，硬盘 500G。

（2）软件环境

服务器操作系统：Ubuntu 18.04；

数据库系统：Mysql 5.7；

Java 运行支持：Jdk 1.8；

Web 容器：Tomcat 8.0；

Docker 版本：18.06；

Nginx 版本：1.12.1。

3.4.2　平台搭建方案

应用服务采取前后端分离设计，前端项目编译成静态文件，然后通过 Nginx 反向代理提供服务，后端服务为 java 服务，通过 tomcat 容器对外提供 web 服务，然后再结合 Nginx 的负载均衡来保证服务的高可用。

投行底稿一键通是面向监管和券商的特定人群的中小型系统应用，综合考虑运维难度和成本，投行底稿一键通部署使用 Nginx + Server 的半分离的方式部署，该方案部署相对简单且能达到前后端解耦的目的，在不影响性能的情况下节约了服务器资源，同时降低了运维的工作量，具体实现如下：

3.4.2.1　上证链

上证链底层链节点间 P2P 通信均通过公网，使用硬件防火墙白名单方式限制网络层访问接入；配置 UNL（信任节点列表）完成应用层接入认证；传输数据均由节点自身签名加密再进行编码。

3.4.2.2　投行底稿一键通应用

（1）白名单设置：券商和监管访问投行底稿一键通系统，使用硬件防火墙白名单方式限制网络层的访问接入。

（2）Nginx 服务：前端项目编译成静态文件，然后通过 Nginx 反向代理提供服务。

（3）投行底稿一键通后台服务：后端服务为 java 服务，通过 SpringBoot 内置的 tomcat 容器对外提供 web 服务；通过配置上证链的 RPC 地址并通过内网请求完成对文件信息、审核信息等数据的存证和查询；通过配置证通云盘地址和用户名密码完成对云盘文件的读取。

（4）数据库集群：搭建高可用 MySQL 集群，采用一主一备的主从复制架构部署 MySQL 数据库。

4 系统展示

4.1 系统功能概述

科创板工作底稿一键通以区块链技术为基础，底稿信息链上存证，底稿文本基于证通云盘流转。系统的主要功能模块如表2所示。

表2 系统主要功能模块

<table>
<tr><th>模块</th><th>子模块</th><th>功能描述</th></tr>
<tr><td rowspan="2">项目管理</td><td>项目信息总览</td><td rowspan="2">归集现场监管项目各维度的信息</td></tr>
<tr><td>项目初始化</td></tr>
<tr><td rowspan="5">底稿管理</td><td>底稿比对校验</td><td>目录结构检查、文件特征值校验</td></tr>
<tr><td>底稿信息总览</td><td rowspan="4">在线审阅底稿的基础功能</td></tr>
<tr><td>底稿搜索和筛选</td></tr>
<tr><td>底稿批注</td></tr>
<tr><td>底稿标签</td></tr>
<tr><td rowspan="2">后台管理</td><td>用户管理</td><td rowspan="2">以项目组为单位开展底稿的审阅工作，根据现场督导业务中不同的角色设置不同的权限</td></tr>
<tr><td>权限管理</td></tr>
<tr><td rowspan="2">其他</td><td>证通云盘对接</td><td>在收到审核中心提交的督导任务后，实现证通云系统和底稿审核系统的实时对接，以便督导组成员可以直接在底稿审阅系统上查阅和下载项目底稿</td></tr>
<tr><td>内外网支持</td><td>在确保安全性的同时能支持所内和所外操作，便于督导组在现场也能继续使用底稿审阅系统</td></tr>
</table>

4.2 区块链投行底稿智能审核系统展示

4.2.1 底稿一键通

券商侧底稿一键通部分是通过对国泰君安内部的“工作底稿管理平台”进行技术改造来实现与上证链和证通云盘的直连互通，功能展示如下：

（1）登录页面。券商端投行业务人员输入用户名和密码登录工作底稿管理系统（见图12）。

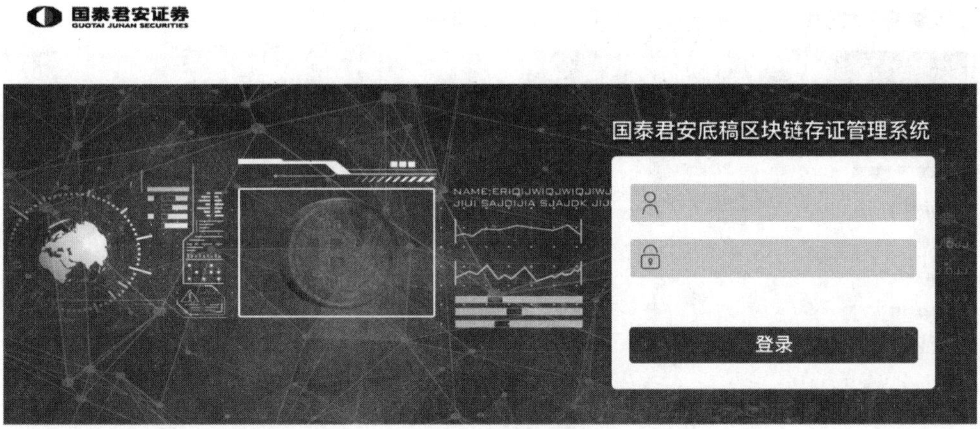

图 12　底稿管理系统登录页面

（2）项目一览页面。券商端投行业务人员在该页面可以按项目维度、业务阶段进行底稿文件明细和电子原文件的查看（见图 13、图 14）。

项目名称	项目类型	主办部门	当前状态	当前阶段	负责人	行业
2018公司客户公司债0618	并购重组	质控组	准备中	初次立项	陈振	燃气生产和供应链
2018公司客户公司债0618	并购重组	质控组	准备中	初次立项	陈振	燃气生产和供应链
2018公司客户公司债0618	并购重组	质控组	已完成	初次立项	陈振	燃气生产和供应链
2018公司客户公司债0618	并购重组	质控组	准备中	初次立项	陈振	燃气生产和供应链
2018公司客户公司债0618	并购重组	质控组	准备中	初次立项	陈振	燃气生产和供应链
2018公司客户公司债0618	并购重组	质控组	准备中	初次立项	陈振	燃气生产和供应链
2018公司客户公司债0618	并购重组	质控组	已完成	初次立项	陈振	燃气生产和供应链
2018公司客户公司债0618	并购重组	质控组	准备中	初次立项	陈振	燃气生产和供应链
2018公司客户公司债0618	并购重组	质控组	准备中	初次立项	陈振	燃气生产和供应链
2018公司客户公司债0618	并购重组	质控组	准备中	初次立项	陈振	燃气生产和供应链
2018公司客户公司债0618	并购重组	质控组	已完成	初次立项	陈振	燃气生产和供应链
2018公司客户公司债0618	并购重组	质控组	准备中	初次立项	陈振	燃气生产和供应链

1 2 3 4 5 ... 50

图 13　项目一览页面

（3）底稿验证页面。业务人员在项目一览页面可以对每一个底稿文件进行验证（见图 15），即计算本地底稿文件 HASH 值并与链上 HASH 进行对比，以验证底稿文件是否被修改。

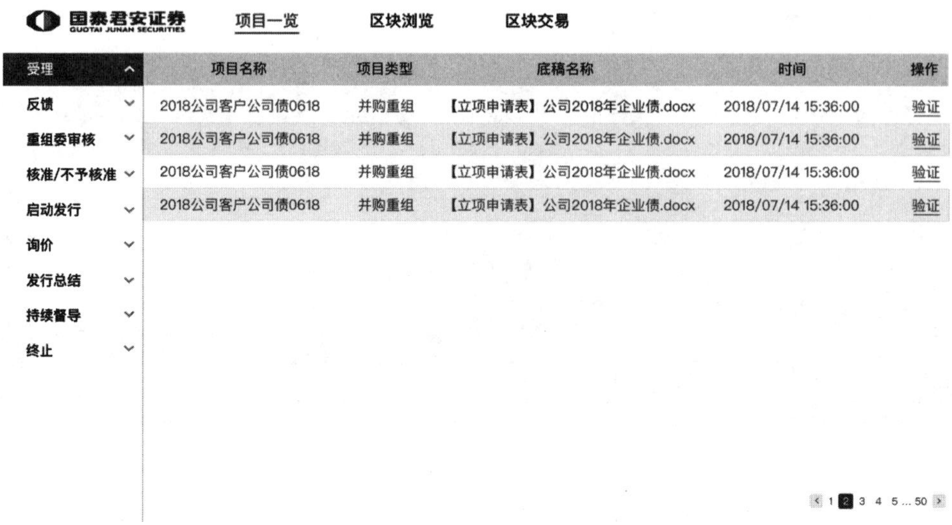

图 14　项目详情页面

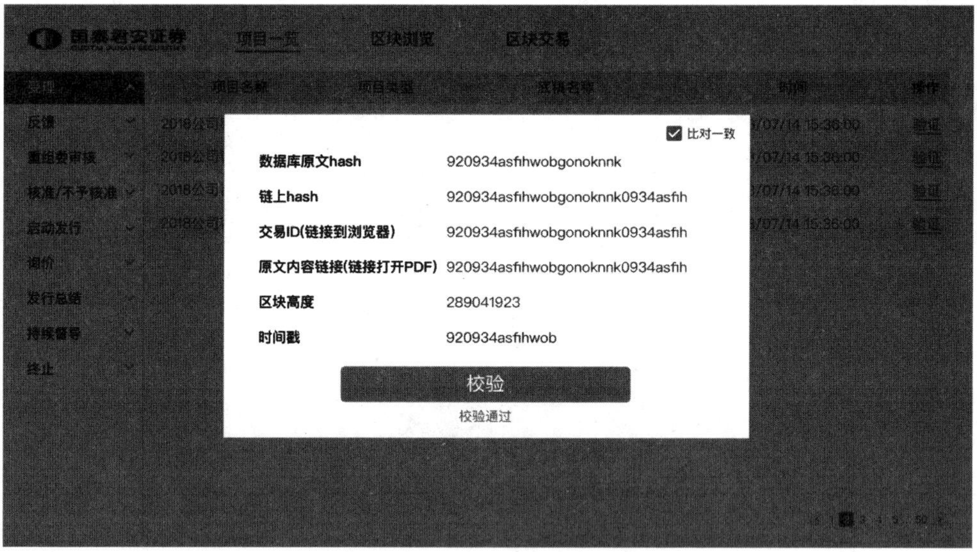

图 15　底稿验证页面

（4）区块浏览页面。券商端底稿管理系统提供了区块浏览功能，可以查看上证链的区块信息，如块号、块高、日期、生产者、交易数等（见图 16、图 17）。

图 16 区块浏览页面

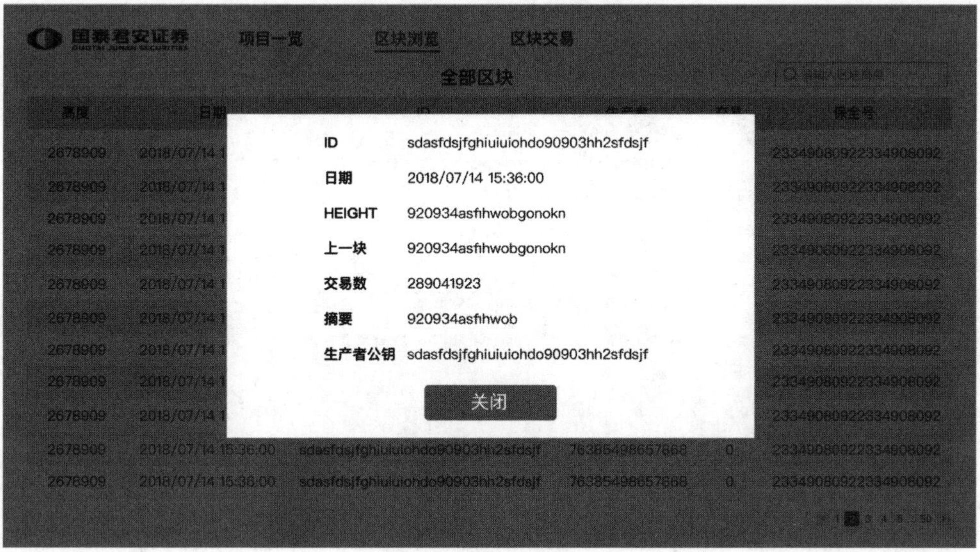

图 17 区块详情页面

（5）区块交易页面。券商端底稿管理系统提供了区块交易浏览功能，可以查看链上每笔存证交易信息，如交易 HASH、所属区块信息、交易时间、交易数据 HASH 等（见图 18、图 19）。

交易hash	块高	From	To	创建时间
sahdsahdkahflafasad	2678909	sdasfsdasfdsdsjfghiuiuiohdo	sdasfdsjfgdsjfghhiuiuiohdo	2018/07/14 15:36:00
sahdsahdkahflafasad	2678909	sdasfsdasfdsdsjfghiuiuiohdo	sdasfdsjfgdsjfghhiuiuiohdo	2018/07/14 15:36:00
sahdsahdkahflafasad	2678909	sdasfsdasfdsdsjfghiuiuiohdo	sdasfdsjfgdsjfghhiuiuiohdo	2018/07/14 15:36:00
sahdsahdkahflafasad	2678909	sdasfsdasfdsdsjfghiuiuiohdo	sdasfdsjfgdsjfghhiuiuiohdo	2018/07/14 15:36:00
sahdsahdkahflafasad	2678909	sdasfsdasfdsdsjfghiuiuiohdo	sdasfdsjfgdsjfghhiuiuiohdo	2018/07/14 15:36:00
sahdsahdkahflafasad	2678909	sdasfsdasfdsdsjfghiuiuiohdo	sdasfdsjfgdsjfghhiuiuiohdo	2018/07/14 15:36:00
sahdsahdkahflafasad	2678909	sdasfsdasfdsdsjfghiuiuiohdo	sdasfdsjfgdsjfghhiuiuiohdo	2018/07/14 15:36:00
sahdsahdkahflafasad	2678909	sdasfsdasfdsdsjfghiuiuiohdo	sdasfdsjfgdsjfghhiuiuiohdo	2018/07/14 15:36:00
sahdsahdkahflafasad	2678909	sdasfsdasfdsdsjfghiuiuiohdo	sdasfdsjfgdsjfghhiuiuiohdo	2018/07/14 15:36:00
sahdsahdkahflafasad	2678909	sdasfsdasfdsdsjfghiuiuiohdo	sdasfdsjfgdsjfghhiuiuiohdo	2018/07/14 15:36:00
sahdsahdkahflafasad	2678909	sdasfsdasfdsdsjfghiuiuiohdo	sdasfdsjfgdsjfghhiuiuiohdo	2018/07/14 15:36:00
sahdsahdkahflafasad	2678909	sdasfsdasfdsdsjfghiuiuiohdo	sdasfdsjfgdsjfghhiuiuiohdo	2018/07/14 15:36:00

图 18　区块交易页面

图 19　交易详情页面

4.2.2　监管一键通

监管侧监管一键通部分提供监管审核人员底稿文件查阅、比对和审核的功能，功能展示如下：

（1）登录页面。监管审核人员输入用户名和密码登录底稿审核系统（见图 20）。

图 20　底稿审核系统登录页面

（2）项目选择页面。监管审核人员登录成功后，选择需要审核的项目进行查看，第一次审核的项目需要进行初始化导入项目底稿文件（见图 21）。

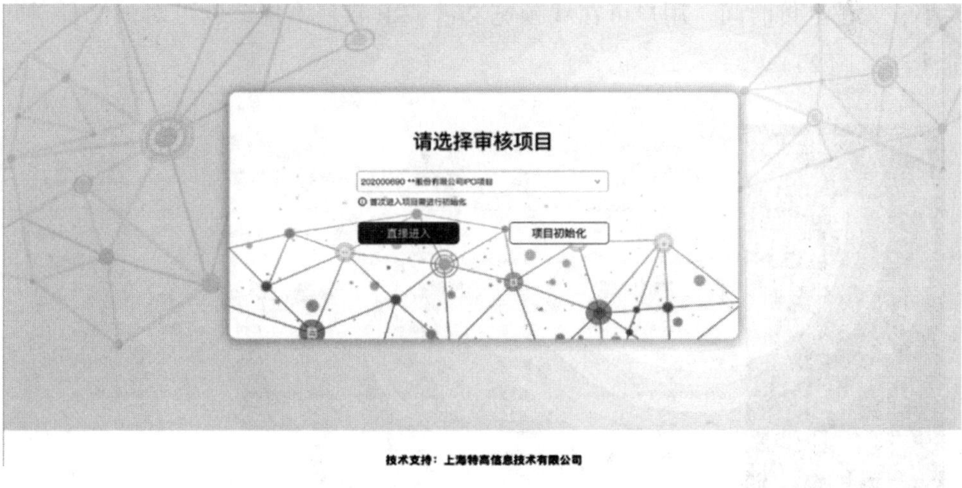

图 21　项目选择页面

（3）项目初始化页面。监管审核人员在审核项目前，需要对项目进行初始化（见图22）。即从上证链获取项目信息、目录结构等信息，从证通云盘获取底稿原文件信息。

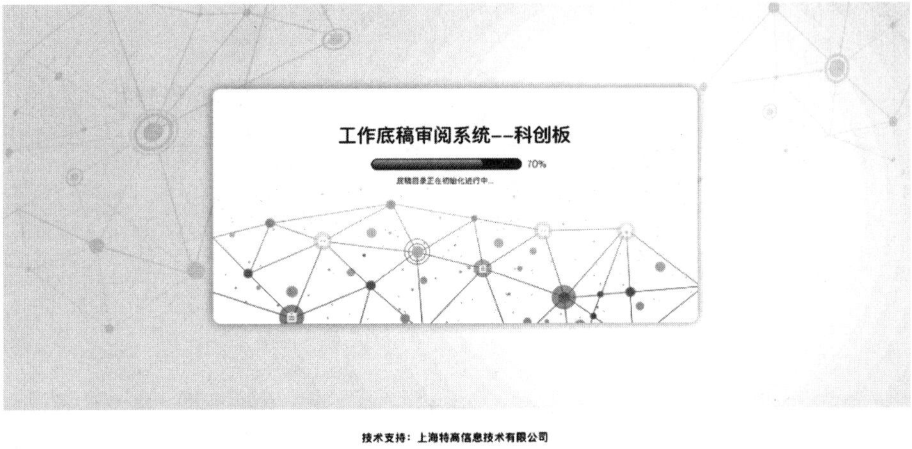

图22　项目初始化页面

（4）文件层次化列表查看页面。项目初始化成功后，页面按目录结构展示该项目下的文件列表，列表展示该文件名称、状态（已审阅或未审阅）、文件大小、文件上传时间，用户可在线预览文件或下载到本地，也可对该文件进行批注（见图23）。

图23　文件层次化列表页面

（5）文件基本信息查看页面。系统可查看文件基本信息，文件基本信息包括文件名称、所属文件目录、文件哈希值、文件大小、文件校验结果（校验未通过需重新校验），文件校验时间、文件上传时间，在该页面也可进行链上信息校验（见图 24）。

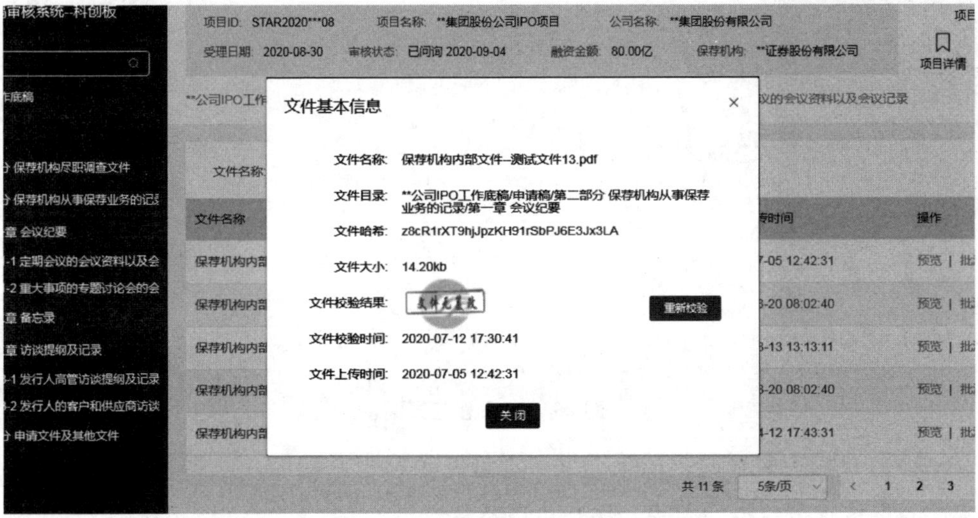

图 24　文件基本信息查看页面

（6）文件预览页面。用户点击预览，可在线预览相关文件的内容（见图 25）。

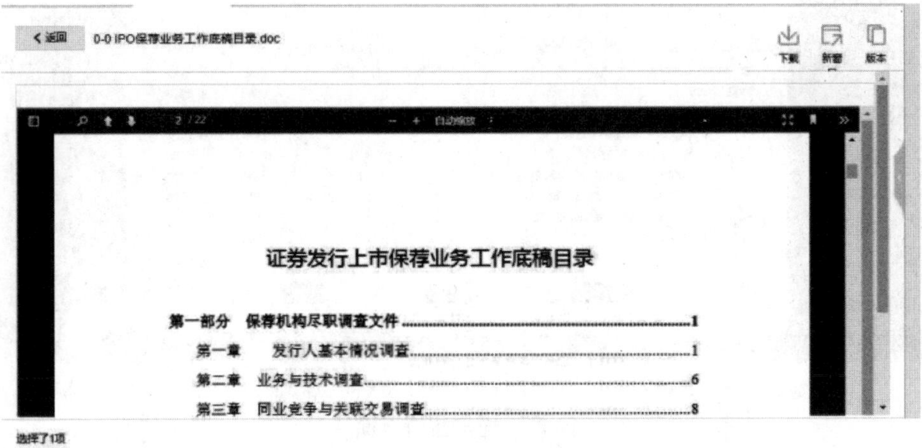

图 25　文件预览页面

（7）审阅总览。该页面展示该项目下的审阅总览，列表展示用户最近批注的信息，展示字段有文件标题、大小、批注人、批注时间。以饼图形式展示该项目下的已审阅和未审阅文件比例概览，以便审核人员查阅审阅进度（见图 26）。

图 26　审阅总览页面

（8）全局查看页面。系统提供审阅进度全局查看功能，展示该项目目录下文件的审核状态，校验结果，用户可以批量选择文件，批量审核（见图 27）。

图 27　全局查看页面

5 课题总结

本课题以上交所科创板 IPO 为业务切入点，针对 IPO 底稿报送目前存在的流程复杂、效率低下、文件存在篡改风险等关键问题，基于区块链技术，创新性地提出了“底稿一键通” + “监管一键通”的系统搭建方案。实现了底稿数据的事中报送和穿透式监管，底稿数据的实时报送和不可篡改，联盟链机制简化了整体业务流程。建立了券商投行管理系统与科创板审核业务系统间的快速业务通道，优化审批过程信息处理和反馈环节，服务科创板发行审核，具有重要的业务创新价值，具体体现如下：

对于监管机构而言：本项目基于实时报送的底稿数据为监管机构提供了直观清晰的底稿文件事中审查系统，通过区块链智能合约的方式完成对链上底稿数据“穿透”的实时验证，全面简化了工作流程。通过文件特征值校验，确保文件自上传至区块链底稿审核系统后未被篡改。

对于保荐机构而言：基于区块链的底稿电子化系统可以保证业务底稿数据的实时报送和不可篡改，可以更好地满足监管需求。一方面，保荐机构可以将目录结构等信息同步到区块链中，以证明底稿目录结构的真实性与完整性。另一方面，通过“底稿一键通”，实现内部底稿系统与证通云盘的直连互通，提高了工作效率。

从技术角度而言：本课题创新性地打通投行底稿管理系统、证通云盘、底稿审核系统，融合区块链防篡改与时间戳证明技术，实现可信数据交换，具有重要的研究和实践价值。同时，本项目搭建的底稿报送及审核系统保留了优良的可拓展性，打造了投行业务联盟链，整合投行业务全链信息资源的同时也可大大简化业务流程，具有广泛的全行业应用价值。

参考文献

[1] 上海证券交易所《保荐人通过上海证券交易所科创板股票发行上市审

核系统办理业务指南》，2019。

［2］王硕．区块链技术在金融领域的研究现状及创新趋势分析［J］．上海金融，2016（2）：26－29.

［3］中国证券监督管理委员会《证券公司投资银行类业务内部控制指引》。

［4］中国证券监督管理委员会《关于建立上市公司重大资产重组独立财务顾问工作底稿科技管理系统的通知》。

［5］中国证券监督管理委员会《关于加强投行业务工作底稿管理相关工作的函》。

［6］中国证券业协会《证券公司投资银行类业务工作底稿电子化管理系统建设指引》。

［7］周文莉，吴晓非．P2P 技术综述［J］．计算机工程与设计，2006（1）：76－79.

运行操作风险的智能识别及阻断方案*

摘要：本文对证券业务系统在运行过程中的操作风险及其带来的损失进行了分析；对操作风险进行了分级分类理论研究；分别针对操作系统、数据库、应用程序的操作行为数据的采集和存储方案进行了研究；通过ML算法实现了对操作行为的风险智能识别；结合运维CMDB对操作行为的合法授权和危险阻止实现方案进行了研究和实践。通过本项目的研究，构建了一套适应华泰证券数字化运营体系的运维白屏化系统，应用于日常运行操作风险管控，取得了较好的应用效果。

关键词：证券业务　操作风险　运维白屏化　数字化运营

1　综述

美国时间2021年10月4日凌晨，全球知名互联网企业Facebook（现在更名为Meta），因为配置错误的原因出现近7小时的中断，全球近20亿用户受到影响。如果国内大型金融机构出现同样的操作事故，必将造成重大损失和恶劣影响，甚至引发金融动荡。

在传统上，通常通过运维管理制度来防范人为操作风险，如只能在特定的服务器上进行操作或者只能执行某些操作；或者通过一人操作一人审核来防止操作失误等。在技术上防范人为操作风险，主要通过两类技术进行辅助，一类是安全网关，基于强制访问控制（MAC）或者基于规则的访问控制（RBAC）等进行授权，进行粗粒度的控制，典型的代表是堡垒机、数据库安全网关；另一类是操作审计，包括日志审计、数据库审计等技术进行事后追

* 本文由华泰证券股份有限公司邱朋、田江、张鹤、杜仲明、胡连亚共同撰写。

溯和震慑。

随着信息系统的持续建设和大数据、云计算、分布式等技术的广泛使用，运行操作风险在操作主体、客体和方式三个维度上持续增加。首先从操作主体看，各金融机构的IT人员及外包服务团队在不断增加，人员的角色、构成以及权限越发复杂。以往以企业员工为运维主体的架构正在让位于以外包服务团队为主体的模式。大量金融机构的外包开发和运维人员数量多于正式员工数量。其次，从操作客体看，随着大数据、云计算等金融科技的持续发展，数据量越来越大，数据分布越来越广，数据的重要性、关联性各不相同。但是，任何误操作或者数据泄露都会造成严重的后果。最后，从操作方式看，当前访问数据的方式多种多样，认证、授权乃至新的开发运营模式（DevOps）层出不穷，而相关法律法规及行业规范对系统稳定、数据安全、个人信息保护的要求在持续提高。近年来，先后有多起金融机构内部人员操作案件发生，说明原有的运行操作风险防控机制已经不适应快速发展的金融科技需求，开发新的风险防控体系势在必行。

在数字化时代，对操作行为进行分级分类研究，通过历史数据分析实现对操作风险的智能识别，在此基础上开发基于行为的访问控制（ABAC）新技术，结合角色、权限、时间、操作结果等信息进行访问控制和危险操作阻止，进一步增强IT系统的稳定性，具有重要意义。

2　证券业务运维操作常见风险及其影响

2.1　证券业务运维操作定义

本文所称的证券业务运维操作，是指在证券业务日常运行中为保证证券应用系统运行所进行的维护操作，包括对应用所在的操作系统的操作（如重启进程、删除文件、修改配置等）、对业务数据库的操作（包括各类增删改查、创建、删除对象数据及导入导出、统计等影响系统性能的操作）以及对应用程序的各种操作（如关闭程序、启动/停止模块以及修改参数等），并不包含针对证券信息系统的基础设施，如网络、存储、云服务等常规操作以及业务本身的操作，如下单、撤回等。

2.2 证券业务运维操作的常见风险

证券业务运维操作的常见风险很多，如：

（1）“删库跑路”：运维、开发人员或者外包服务人员将关键数据库或者其他数据文件恶意删除，使业务系统瘫痪且无法或者很难恢复；

（2）数据或者应用程序篡改：通过修改数据，使业务逻辑发生混乱或者产生异常结果，获取特定利益；

（3）误操作：由于误操作关闭进程、停止系统或者执行错误指令，导致业务发生异常，如交易错误或者交易中断；

（4）错误配置：使用了错误的参数或者流程，导致部分业务异常；

（5）授权异常：导出数据或者查询权限之外的数据，引起数据泄露；

（6）不当执行：在对执行操作所需时间、所需资源不清楚的情况下执行相关语句或者应用导致业务性能受到影响或者业务流程受到影响。

2.3 操作风险的危害及概率

上述操作风险发生概率、发生条件各不相同，发生之后对业务造成的影响也各不相同。我们按照影响级别、影响范围以及发生概率对其进行定性分析。其中：

影响级别按照非常严重、严重、一般区分；

影响范围按照全业务、部分业务以及部分模块区分；

发生概率按照高、中、低进行区分，具体情况如表 1 所示。

表 1 运维操作风险评估表

操作类型	危害情形	影响级别	影响范围	发生概率	典型案例
“删库跑路”	相关业务数据被完全删除，业务无法或者很难快速进行恢复	非常严重	全业务	低	2020 年 2 月 23 日，互联网企业“微盟”发生“删库跑路”事件，市值损失 20 亿元

续表

操作类型	危害情形	影响级别	影响范围	发生概率	典型案例
数据或者应用程序篡改	被篡改部分所涉及业务逻辑异常，造成相关业务损失，数据可能无法修复	非常严重	部分业务	中	2016 年到 2018 年期间，某银行科技开发经理覃某利用职务之便植入代码，通过 ATM 转账 1300 余次
误操作	由于误操作导致系统停顿或者执行错误指令	严重	全部业务或者部分业务	中	—
错误配置	在应用程序或者数据库中配置错误，导致业务异常	严重	部分业务	中	2017 年某厂商员工在升级过程中参数配置错误，到最后广西移动近 80 万用户通信中断
授权异常	在使用过程中由于授权错误或者异常，导致数据泄露等问题	一般严重	部分业务	高	—
不当执行	在操作过程中，未经过审慎评估而执行操作，导致业务性能或者流程执行受到影响等	一般严重	部分业务	高	2018 年 12 月 24 日，某公司运维外包人员使用未经许可的工具进行数据库操作，导致郑大一附院锁表 6 次，损失 800 万元

3 操作行为数据的采集方案

3.1 操作行为数据的采集方案概述

操作行为数据的来源。操作行为数据通常以日志的方式记录在相应的设备上，如 Linux 或者 Unix 系统上执行相应指令（见图 1），就可以看到对应用户的历史操作数据（见图 2）。

图 1　系统操作行为数据日志指令界面

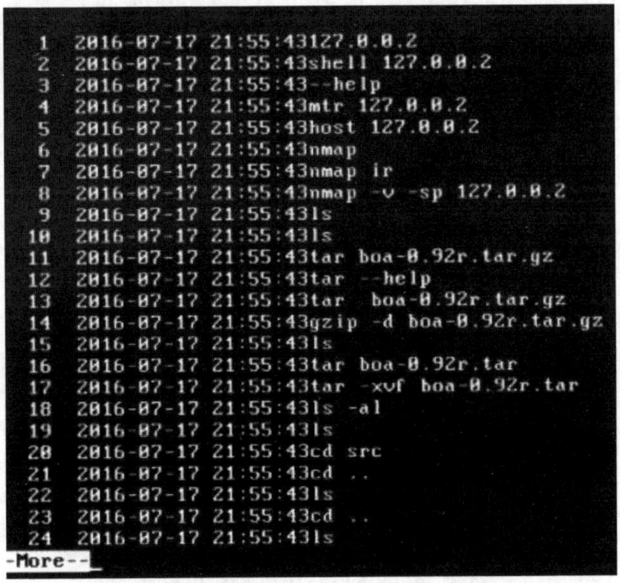

图 2　系统操作行为历史操作数据查看界面

对于数据库的操作，则可以从数据库审计系统或者其他类似系统中抽取行为数据。

对于应用系统的操作相对复杂，因为操作过程并不是独立的语句而是相应鼠标或者键盘操作事件，同时需要有相应的应用程序界面作为定位。因此，对于应用程序的操作行为采集，需要将非结构化操作数据转化为结构化操作数据。

3.2　对操作系统的操作行为数据的采集

对于操作系统的操作行为数据的采集采用如下两种方式实现：

（1）通过 ssh 远程登录或者部署 Agent 采集。由于在主机上的 history 命令可以看到用户在最近的操作过程及操作时间，因此，可以通过 ssh 或者 Agent 来抽取相应的操作信息。该方案存在的问题之一是需要在服务器上遍历各用户链接并抽取相应操作历史记录，然后统一进行采集和存储。考虑到很多证券业务服务器不允许部署 Agent，使用 Agent 采集只是一个备选方案。在本项目中，历史操作数据采用 ssh 远程登录方案采集。

（2）通过操作终端或者 Web 窗口进行留痕记录。对实时新增的操作行为进行采集使用自研的命令窗口来完成。即用户所有操作都需要经过自研工具的 Web 窗口进行操作，自研工具可以对所有人员的操作进行识别、身份认证和高危操作拦截，并将相关信息全部留痕，如图 3 所示。

会话ID	命令	执行状态	资源名	IP/域名	账号名	用户	用户IP	操作时间	操作
5c0da8f0-fb41-488f-b46f...	+ mv 1 data	拦截	10.0.0.183	10.0.0.183	root	admin(admin)	10.0.0.1	2021-11-10 14:18:12	查看会话
5c0da8f0-fb41-488f-b46f...	+ ls -l	通过	10.0.0.183	10.0.0.183	root	admin(admin)	10.0.0.1	2021-11-10 14:17:59	查看会话
5c0da8f0-fb41-488f-b46f...	+ rm 1	拦截	10.0.0.183	10.0.0.183	root	admin(admin)	10.0.0.1	2021-11-10 14:17:59	查看会话
5c0da8f0-fb41-488f-b46f...	+ pwd	通过	10.0.0.183	10.0.0.183	root	admin(admin)	10.0.0.1	2021-11-10 14:17:56	查看会话
83e6a696-da96-4d82-8c...	+ exit	通过	10.0.0.183	10.0.0.183	root	admin(admin)	10.0.0.1	2021-09-22 15:14:53	查看会话
83e6a696-da96-4d82-8c...	+ ls -l	通过	10.0.0.183	10.0.0.183	root	admin(admin)	10.0.0.1	2021-09-22 15:14:52	查看会话
83e6a696-da96-4d82-8c...	+ cp 1 3	通过	10.0.0.183	10.0.0.183	root	admin(admin)	10.0.0.1	2021-09-22 15:14:41	查看会话

图 3　新增操作行为采集窗口界面

3.3　对数据库的操作行为数据的采集

对数据库的操作行为数据主要来自数据库审计等系统。但是考虑到数据库审计系统中大量信息来自应用系统的数据库会话连接，需要进行海量数据清洗和甄别，将人为操作数据抽取出来，工作量相对较大。此外，还存在数据质量问题，比如，从旁路审计中并不能获得操作人的实际信息，因此，无法与相应的组织机构、角色等关联起来。

在本项目中，为了更好地采集对数据库的操作行为数据，我们开发了一套数据库运维管控系统，对所有连接数据库的操作行为进行扎口管理，即只能通过该系统连接数据库进行人为操作。该系统对所有操作进行身份认证和权限审核，防止出现越权行为，同时对操作行为进行留痕和采集，如图 4 所示。

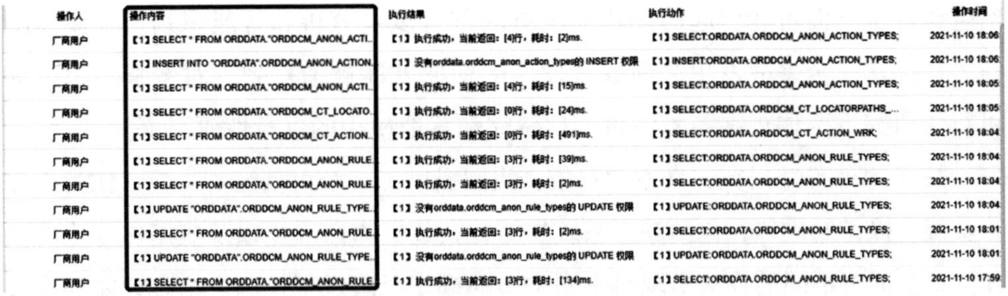

操作人	操作内容	执行结果	执行动作	操作时间
厂商用户	【1】SELECT * FROM ORDDATA."ORDDCM_ANON_ACTI...	【1】执行成功，当前返回：[4]行，耗时：[2]ms.	【1】SELECT:ORDDATA.ORDDCM_ANON_ACTION_TYPES;	2021-11-10 18:06
厂商用户	【1】INSERT INTO "ORDDATA".ORDDCM_ANON_ACTION...	【1】没有orddata.orddcm_anon_action_types的 INSERT 权限	【1】INSERT:ORDDATA.ORDDCM_ANON_ACTION_TYPES;	2021-11-10 18:06
厂商用户	【1】SELECT * FROM ORDDATA."ORDDCM_ANON_ACTI...	【1】执行成功，当前返回：[4]行，耗时：[15]ms.	【1】SELECT:ORDDATA.ORDDCM_ANON_ACTION_TYPES;	2021-11-10 18:05
厂商用户	【1】SELECT * FROM ORDDATA."ORDDCM_CT_LOCATO...	【1】执行成功，当前返回：[0]行，耗时：[24]ms.	【1】SELECT:ORDDATA.ORDDCM_CT_LOCATORPATHS_...	2021-11-10 18:05
厂商用户	【1】SELECT * FROM ORDDATA."ORDDCM_CT_ACTION...	【1】执行成功，当前返回：[0]行，耗时：[491]ms.	【1】SELECT:ORDDATA.ORDDCM_CT_ACTION_WRK;	2021-11-10 18:04
厂商用户	【1】SELECT * FROM ORDDATA."ORDDCM_ANON_RULE...	【1】执行成功，当前返回：[3]行，耗时：[39]ms.	【1】SELECT:ORDDATA.ORDDCM_ANON_RULE_TYPES;	2021-11-10 18:04
厂商用户	【1】SELECT * FROM ORDDATA."ORDDCM_ANON_RULE...	【1】执行成功，当前返回：[3]行，耗时：[2]ms.	【1】SELECT:ORDDATA.ORDDCM_ANON_RULE_TYPES;	2021-11-10 18:04
厂商用户	【1】UPDATE "ORDDATA".ORDDCM_ANON_RULE_TYPE...	【1】没有orddata.orddcm_anon_rule_types的 UPDATE 权限	【1】UPDATE:ORDDATA.ORDDCM_ANON_RULE_TYPES;	2021-11-10 18:04
厂商用户	【1】SELECT * FROM ORDDATA."ORDDCM_ANON_RULE...	【1】执行成功，当前返回：[3]行，耗时：[2]ms.	【1】SELECT:ORDDATA.ORDDCM_ANON_RULE_TYPES;	2021-11-10 18:01
厂商用户	【1】UPDATE "ORDDATA".ORDDCM_ANON_RULE_TYPE...	【1】没有orddata.orddcm_anon_rule_types的 UPDATE 权限	【1】UPDATE:ORDDATA.ORDDCM_ANON_RULE_TYPES;	2021-11-10 18:01
厂商用户	【1】SELECT * FROM ORDDATA."ORDDCM_ANON_RULE...	【1】执行成功，当前返回：[3]行，耗时：[134]ms.	【1】SELECT:ORDDATA.ORDDCM_ANON_RULE_TYPES;	2021-11-10 17:59

图 4　数据库运维管控系统界面

3.4　对应用程序的操作行为数据采集

当前的关键应用程序主要通过 Java、Delphi 或者 VC 等语言开发。当应用程序在后台运行时，对其操作主要通过堡垒机执行。堡垒机可以记录下所有操作过程，但是这些信息是非结构化数据。为了能够更好地采集应用程序操作信息，需要将非结构化数据结构化，即变成类似格式的数据，如图 5 所示。

时间	人员	对象	操作结果
2021-08-10 10:02:39	张三	报盘系统XXXX弹窗	关闭成功

图 5　应用程序操作信息结构化示意

在实际操作过程中，从堡垒机中下载数据并进行相应转换将需要耗费巨大精力，且无法保证数据的可靠性及准确性。

为此，在本项目中，我们开发了针对应用的白屏化运维工具，所有人登录运维桌面后，通过该工具将堡垒机及业务机的运行状态进行镜像查看但并无操作权限，在需要操作时临时提权，应用白屏化运维工具将采集所有操作信息，并将其结构化记录，同时提供对危险操作阻止的功能。

4　操作行为风险的智能识别场景

4.1　操作行为风险智能识别的可行性研究

对于操作行为的管控一直都是具有挑战的一项研究工作，本项目主要基于对生产环境下面可能引起的操作安全事故进行风险分析和智能识别，确保风险行为在操作安全事故发生之前或者发生的初期就能被捕获到。对于整体识别的可行性研究主要体现在技术的可行性研究和落地使用的可行性研究上。

技术的可行性研究：在本项目中，我们提供了一个可信统一入口，作为操作人员统一操作的入口，包括操作系统白屏化，数据库白屏化以及应用白屏化的操作入口。通过不同的技术实现对不同类型的操作风险进行控制，结合智能操作日志分析技术分析整体的操作风险。从技术上说，智能操作风险主要解决的技术问题包括：如何完成对操作行为数据的全量收集，如何应用基于规则和智能算法相结合的智能分析。

操作行为的收集技术：本项目采用统一入口的模式，系统本身会收集到所有的操作数据并脱敏记录。此方案在风险上总体要确保数据收集安全的问题，就是要对一些密保信息作脱敏处理。

智能操作行为分析技术：本项目采用基础规则匹配和智能规则学习相结合的方式实现操作行为的识别，对一些敏感时间和敏感操作我们可以通过前后文的关联分析识别出操作的一些异常。上述行为在技术上是具备完全的可行性。

落地使用的可行性研究：从目前的统计分析数据表明，在实际的生产运行过程中，约10%是针对服务器的操作行为，80%是针对数据库的操作，还有约10%是针对应用的操作。本项目提供了一体化的操作入口，将这几类常规的生产操作都放在一起，在使用上更为便利，也便于进一步的管控管理，所以在落地使用的角度上是具备可行性的。

4.2 操作行为风险智能识别的场景分析

4.2.1 用户操作行为异常的风险识别

对于用户的登录异常行为以及异常攻击登录行为的检测采用基于用户画像和登录行为画像的方式进行异常检测。该方案主要涉及几个部分：

（1）用户模型定义。该模型将用户属性分为基本属性、职位属性、业务属性、时间属性以及空间属性五类，这五类属性共同构建用户完整信息。

（2）用户操作行为刻画。本文从五大维度进行描述，包括会话信息、业务信息、操作内容、一天操作行为、一周操作行为，并具体通过最常操作命令、最常操作 SQL 等构建用户行为标签。行为标签是指用户对系统的时序化操作行为，即行为序列。

表 2 用户行为详细列表

行为维度	行为指标
会话信息	会话时长
	会话开始时间
	会话结束时间
	会话失败次数
	会话登录 IP
业务信息	访问业务
	业务 IP
操作内容	操作条数
	最常操作命令
	最常操作 SQL
	最常操作命令占比
	最常操作 SQL 占比
	最常操作数据源
	操作总类
一天操作行为	0:00~8:00，8:00~16:00，16:00~23:00 三个时段操作次数
一周操作行为	每天的操作次数
	周一至周五所有操作占比
	周六，周日操作占比

（3）异常行为检测。采样用户的行为数据后通过用户画像和行为画像对用户进行聚类分析，将用户行为分成 10 种类型。当新的数据接入时，首先将采集的行为数据与当前用户的行为数据进行欧式距离的孤立分析（基于 isolation tree），如果判定新数据为离群点，同时与聚类用户的行为也采用孤立森林的做法进行离群点判定，两者都是同样的判定结果则认为该用户的近期行为存在异常。

4.2.2 交易时段的操作风险预警

对交易时段用户行为的预警采用基于 DeepLog 技术的日志异常模型分析技术，本文从正常的业务数据中设计的方案主要包括以下几个维度：

（1）操作日志训练测试集收集。通过收集一段时间正常操作的用户日志数据（通过关键字做法过滤部分风险操作日志）。

（2）模型训练。通过 Log Parser 和 NER 的技术提取相关的日志关键字信息，并对日志进行会话级别的序列模式识别。按不同类型的日志模式进行模型的训练和测试集的验证。

使用 DeepLog 模型进行训练，分析 loss 的值并进行迭代训练，直到 loss 的值一直趋于收敛。

（3）模型增量更新（见图 6）。

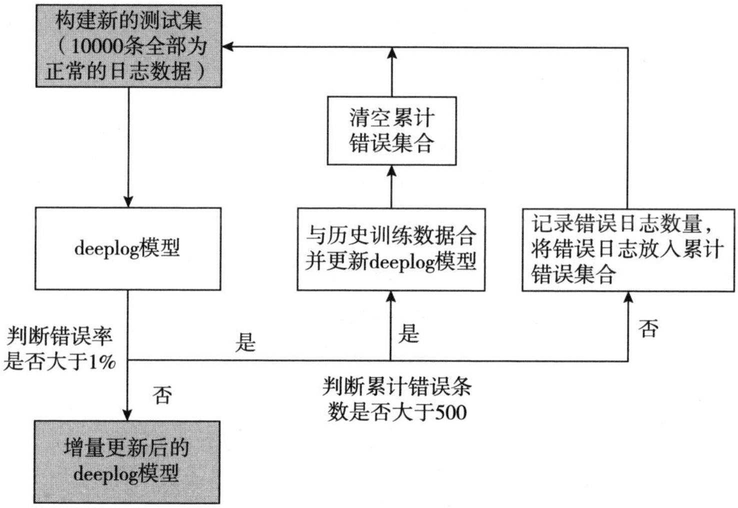

图 6　模型增量更新逻辑

模型前后对比：

为了证明增量更新理论的成立，本次实验分别使用初始训练模型和迭代之后的模型对测试数据进行预测，并绘制混淆矩阵，结果如图 7、图 8 所示。

（4）异常操作日志检测。针对实时接入的日志，按照 session 进行模式提取，然后加载训练好的模型文件进行结果预测校验，如果少于定义的置信值则认为该操作行为是风险行为。

4.2.3　数据库操作对清算过程的影响分析

清算过程对于证券行业来说是个极其重要的过程，也是比较容易出现问题的一环，清算过程涉及大量的数据库操作，所以数据库的整体性能和状态对清算过程的

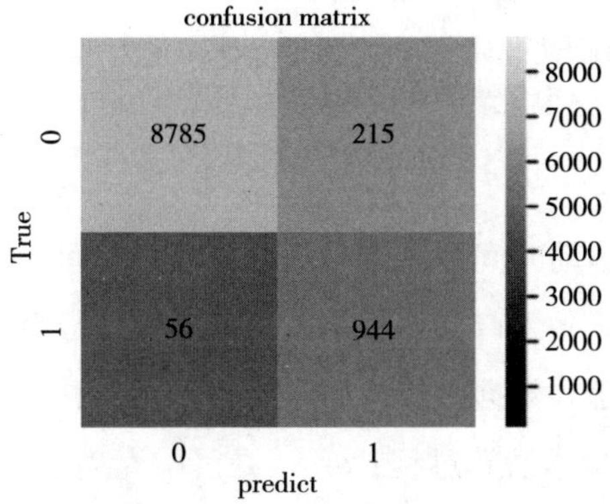

	precision	recall	fl-score	support
0	0.99	0.98	0.98	9000
1	0.81	0.94	0.87	1000
accuracy			0.97	10000
macro avg	0.90	0.96	0.93	10000
weighted avg	0.98	0.97	0.97	10000

图 7　初始训练模型混淆矩阵

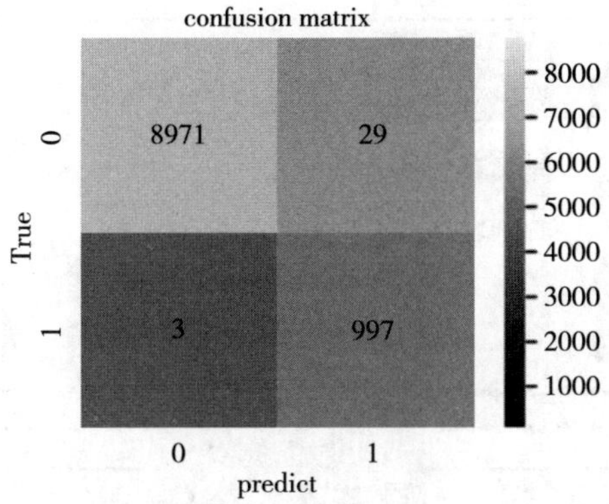

	precision	recall	fl-score	support
0	1.00	1.00	1.00	9000
1	0.97	1.00	0.98	1000
accuracy			1.00	10000
macro avg	0.99	1.00	0.99	10000
weighted avg	1.00	1.00	1.00	10000

图 8　迭代后训练模型混淆矩阵

执行影响是非常大的，本项目通过收集数据库的白屏操作再结合清算过程的智能分析进行关联分析，来确认非常规的数据库操作可能对清算执行过程带来的影响。

方案设计如下：

（1）数据采集：

①收集清算的启动时间和结束时间计算执行时间并保存历史清算数据；

②通过白屏的统一入口操作收集数据库的操作行为；

③构建清算流程和数据库实体的影响知识拓扑。

（2）智能分析异常清算过程：

①结合清算历史数据进行耗时建模；

②通过智能分析当前清算流程是否存在问题（通过历史模型学习清算流程的耗时分布然后进行智能预测的异常检测，采用基于 prophet 模型的 RQA 置信区间预测）；

③对于存在清算异常情况的流程再结合数据库的影响拓扑分析操作的影响因子。

实际场景效果图如图 9 所示。

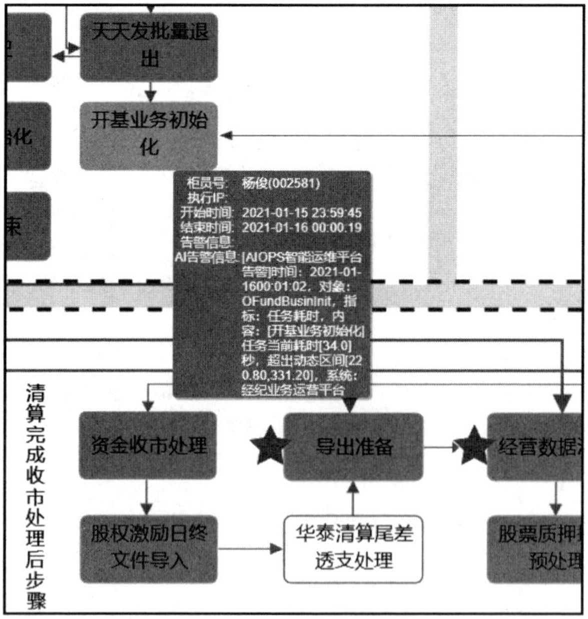

图 9　清算过程实际场景效果图

5 运维操作风险的权限管控与阻断

当对运维操作行为进行大数据风险分析之后，需要根据分析结构对用户的操作行为进行管控与阻断。其中，管控来自对行为的识别；阻断来自对（评估的）危险操作行为进行的中断处理。

5.1 运维操作的权限管控维度

运维操作的权限管控维度指需要从哪几个方面对操作行为进行控制。在传统安全管控中，由于无法直接识别身份，通过从操作者（执行人）身份识别的角度进行维度控制，如 IP 地址、终端等。在本项目中，由于采用自研的相关白屏化工具进行操作扎口管控，所有操作都通过白屏化系统执行，在白屏化系统中识别身份或者与堡垒机、身份认证平台进行认证，可以直接识别操作人员真实身份，因此，可以从更加细粒度的层面对运维操作进行权限管控。

5.1.1 对象访问

对象访问维度是指细粒度定义用户具有哪些对象的访问权限。在传统的堡垒机管控中，仅能针对某个具体的 IP 地址、服务器或者数据库进行白名单管控。在本项目中，支持针对数据库连接、数据库用户（Schema）、数据库对象（如表、索引）以及文件、应用程序的页面等更细粒度的对方访问控制。如仅允许用户访问 5 张表，则其在树形列表中就仅能看到 5 张表，而同一数据库中的其他表就无法显示了。

5.1.2 操作类型

操作类型主要指能执行哪一类操作。在操作系统权限管控中，针对 cd、rm、del 等操作都可以进行管控；在数据库权限管控中，对于增删改查以及 create、drop、alter 等操作都可以定义。

考虑到细粒度的权限在设置、赋权、申请过程中都非常复杂，在本项目中设置了权限角色这样一个概念。将各类权限分为查询、变更、高危、管理、导出等角色，如查询中仅包含 select 语句，变更中包含 Insert、Update 等语句，高危则包含 drop、delete、truncate 等语句。在实际授权过程中，可以选择将权限角色赋予某个人，从而减少工作量。

5.1.3 操作时间

对于证券交易而言，时间非常敏感。在交易时间段，几乎不允许在生产系统中进行任何批量操作或者配置调整的操作。因此，需要对时间设置权限。

5.1.4 操作结果

操作结果指执行某条语句后会影响到的数据量。如某条语句执行后返回1条记录；有些操作会对数十万条记录进行修改。这时不同的操作结果对目标对象的影响是完全不同的，因此，需要进行权限控制。

5.2 运维操作的权限控制方案

在本项目中，采取权限审核前置的权限控制方案。即以往主要通过审计（权限审核后置）的方式进行控制，在本项目中，首先对操作权限进行审核，如果不具备权限且通过申请也没有被授权，则无法真正执行访问操作。权限控制过程如图10所示。

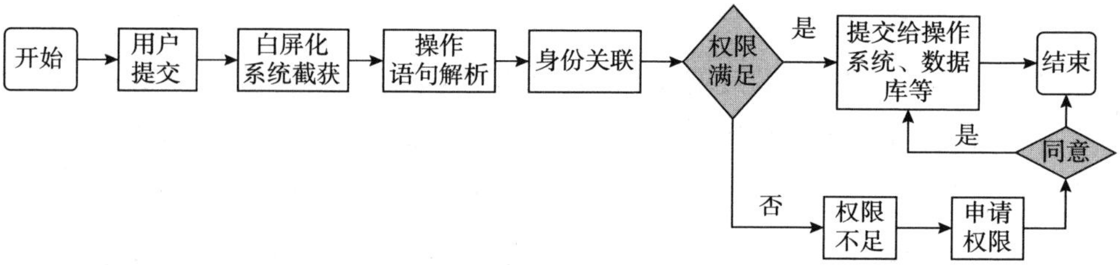

图10 权限控制流程

当用户操作提交时，首先通过白屏化系统截获操作内容，然后对操作语句进行解析，再通过解析的对象与操作人员身份相关联，然后查询权限管理数据库中的权限是否满足？如果满足，则将相关语句提交给操作系统、数据库或者应用程序；如果不满足，则直接返回信息：权限不足。用户可以考虑直接申请权限或者通过内部沟通实现充分授权后再进行操作。

5.3 “零信任”原则在运维操作中的应用

“零信任”是新一代的网络安全防护理念，它的关键在于打破默认的“信任”，用一句通俗的话来概括，就是“持续验证，永不信任”。默认不信任企业网络内外的任何人、设备和系统，基于身份认证和授权重新构建访问控制的信任基础，从而确保身份可信、设备可信、应用可信和链路可信。

在传统的操作控制方面，通常采用一次登录（认证），永远畅行无阻。如某人以 root 身份登录操作系统后，因为其他原因离开座位。其他人不小心使用打开的操作界面进行了“删库跑路”的操作。此时，系统无任何抵抗能力，只能执行指令删除数据库。

将“零信任”的理念应用于操作管理，针对上述情况，就会完全不一样：首先，当执行“删库”操作时，白屏化系统将认证用户身份，即该操作人员是否具有访问数据库或者数据库文件的权限（即便他刚才已经正常登录认证了，也可以连接数据库或者操作系统）；其次，要在权限数据库中审核，此人在当前时间点是否具有执行“删库”的权限？如果没有，则直接驳回。此时，其他人无法通过此人打开窗口进行“删库”操作，当然，他本人也无法“删库跑路”。

5.4 基于规则的访问控制

在本项目中，提供基于规则的访问控制设置。系统的管理者（administrator）可以给相应的人员创建访问控制权限，实现自上而下的授权；使用者也可以申请权限，实现自下而上的权限申请。授权界面示例如图 11 所示。

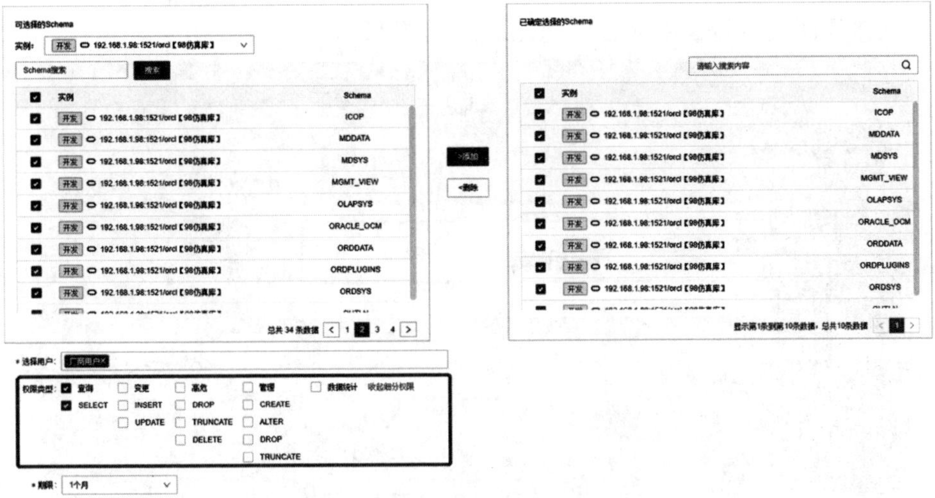

图 11　授权界面

5.5 基于角色的访问控制

在本项目中，也设置了基于角色的访问控制。如在数据库运维管控中，创建数据库的 owner 具有部分操作权限，而非 owner 则不具备相关权限。

5.6 基于操作风险评估的访问控制

基于操作风险评估的访问控制是白屏化系统根据对操作人员操作行为的风险分析，认为其操作不具备危害性的，可以直接建议授权进行访问；如果认为风险等级极高的，即便有相应的权限，将不提供访问授权。

5.7 操作阻断的方式

当权限不够时，如何阻止操作?

本项目中提供了两种阻止选择：

第一，风险提醒。对于操作系统的操作时，如果某些操作具有一定的危险性，系统将提供提示，对其进行提醒。如果该危险操作被认为是可以执行的，可以考虑进行授权申请，然后进行操作。

第二，高危操作阻止。对于某些操作，如数据库中 drop table 的操作，如果是完全没有权限，也没有获得授权的，相关操作语句将不会被提交给数据库，而在操作界面上进行权限或者风险提示（见图 12）。

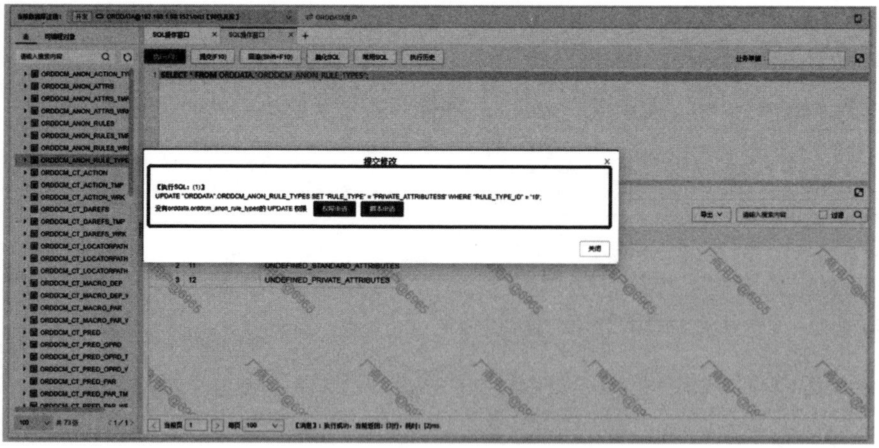

图 12 操作界面风险提示

6 华泰证券的运维白屏化系统实践

华泰证券通过运维白屏化系统实现对运行操作风险的智能识别与阻断。运维白屏化是一套完成的运维管控工具，主要由操作系统白屏化、数据库白屏化和应用白屏化三个部分组成。通过操作系统白屏化管控对服务器的操作，通过数据库白屏化管控对各类数据库的操作，通过应用白屏化管控对各种后台应用的操作，从而形成三位一体的运维管控平台。

6.1 华泰证券的运维白屏化设计要求

在设计运维白屏化系统时的首要原则是能够提供预防、预审和预测。运维白屏化替代原有的通过人工或者制度运行操作管理模式，通过基于规则、身份和算法的方式进行细粒度的权限管控和实时身份认证，从而更好地避免误操作、“删库跑路”等风险，保障业务系统稳定运行。详细的白屏化设计要求如下：

（1）采用串联技术而非旁路技术。串联技术提供一个类似主机或者数据库连接工具的 Web 窗口给使用人员，所有人员连接生产系统时应通过该窗口进行操作。在此情况下，无须修改网络架构，无须在目标主机或者数据库上安装 Agent 或者反向代理，不影响目标主机和数据库的稳定性和性能。

（2）支持云原生，满足多场景需要。无论用户在相同域内登录，还是 VPN、跳板机登录，都可以有效访问目标主机、数据库或者应用。支持云原生部署，支持私有云、公有云和混合云环境。

（3）提供统一的数据库管理。以往不同数据库需要使用不同的客户端进行连接操作。在本项目中使用一套 Web 页面可以同时管理 Oracle、MySQL、SQLServer、Mariadb、Tidb 等各种不同的数据库，无须切换客户端工具。

（4）提供操作人员精确身份认证。为避免暴露操作系统、数据库、应用的账号密码，所有人员使用自己身份进行登录，将所有操作与身份一一绑定，出现异常能够及时告警、定位、定人。

（5）提供细粒度权限管控和误操作预防。针对操作系统，提供对特定操作的提醒、阻止功能，粒度包括操作人员、操作对象（文件、目录等）以及操作命令；针对数据库，提供包含链接、用户（Schema）、对象在内的细粒度权限管控，且支持操作对象、操作类型、操作时间、操作结果四个维度的管控；针对应用，提供对特定页面的操作管控，包括关闭、修改配置、暂停等各类窗口动作。

（6）提供所有操作留痕。提供对所有系统上操作的留痕，包括执行不成功操作的留痕和审计。

（7）提供赋权和权限申请功能。提供对系统的赋权和权限申请功能，在不具备执行权限，但是又需要紧急执行的情况下，可以通过权限申请实现有效操作。

（8）与华泰业务进行紧密对接。提供与华泰业务的紧密对接，包括与交易日历、统一权限管理平台、CMDB 以及堡垒机等系统对接，确保能够更加智能地确认操作人员身份以及操作权限，减少授权操作的复杂程度，提高运维效率。

6.2 华泰证券的运维白屏化整体框架

华泰证券的运维白屏化整体框架如图 13 所示。

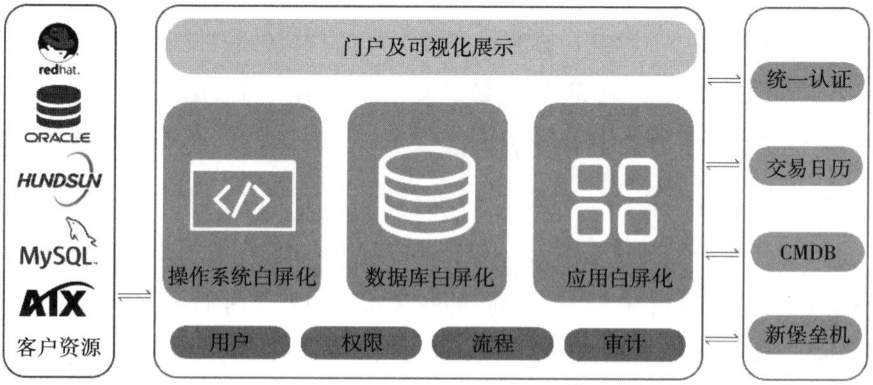

图 13 运维白屏化框架

系统的核心是操作系统白屏化、数据库白屏化以及应用白屏化三部分，此外，还需要实现用户管理、权限管理、流程管理、审计管理等基础功能以及满足统一运维门户和可视化展示的要求。运维白屏化系统还需要与统一认证平台、交易日历、CMDB 以及新堡垒机等华泰现有运维及安全系统对接。详细功能如图 14 所示。

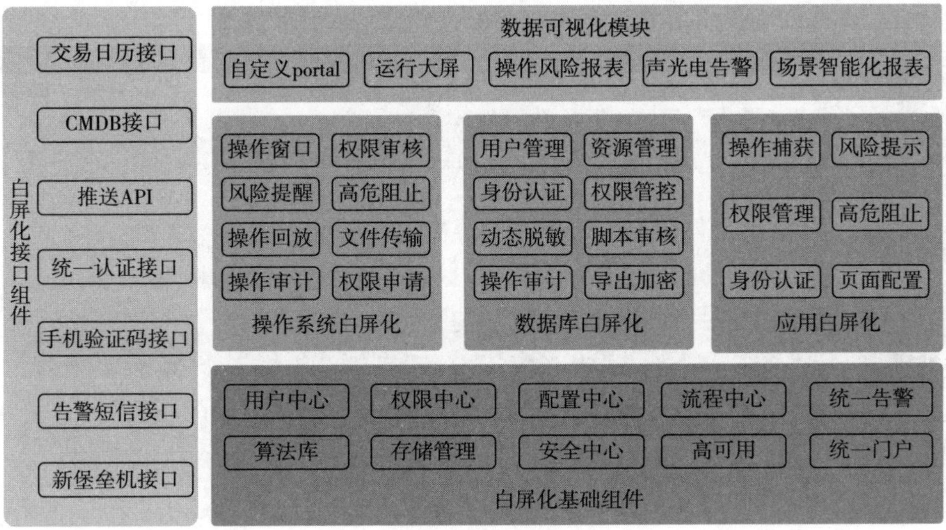

图 14　运维白屏化系统功能

6.3　华泰证券的运维白屏化应用效果

经过近一年的运维白屏化系统建设，目前已经在华泰证券的测试环境中部署验证。从验证的情况来看，初步达到了系统设计目标，主要包括：

（1）通过运维白屏化系统，可以有效阻止非法操作，使业务系统运行更加安全、稳定、健康。

（2）通过对采集的操作数据进行分析，能够较为准确地判断人员操作行为是否存在风险，经过 10 万条以上数据测试，准确率可达 91.5% 以上。

（3）系统的部署、安装以及使用无须在生产服务器上安装任何代理、插件或者探针，对生产业务的影响几乎为零。

（4）在对数据库的操作从 PL/SQL 工具切换到运维白屏化工具后，少量数据的查询性能几乎不受影响；对于批量数据的查询，使用运维白屏化工具还能提升约 32%。

（5）能够在一定程度上提供数据安全功能，通过动态脱敏、水印、加密、审计等功能，能够有效防止数据泄露，形成震慑力。

以下各图是部分白屏化应用截图。

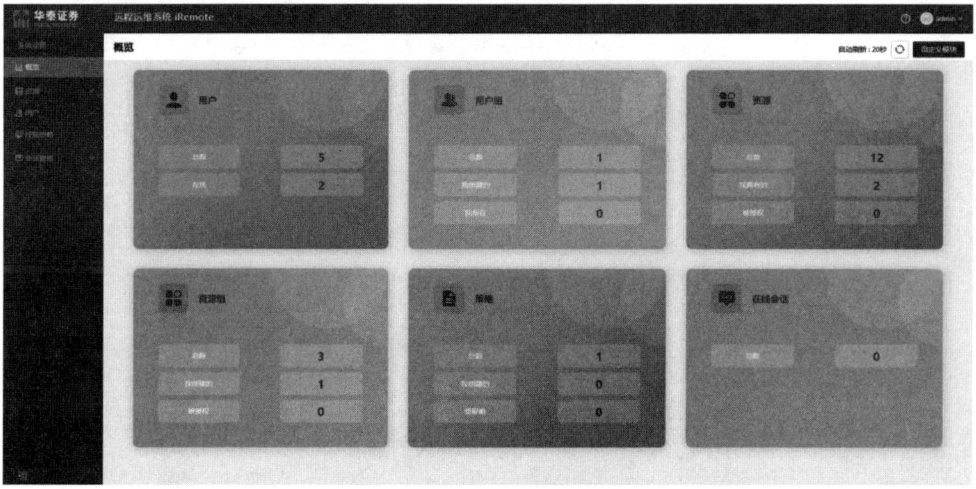

图 15　系统主界面截图

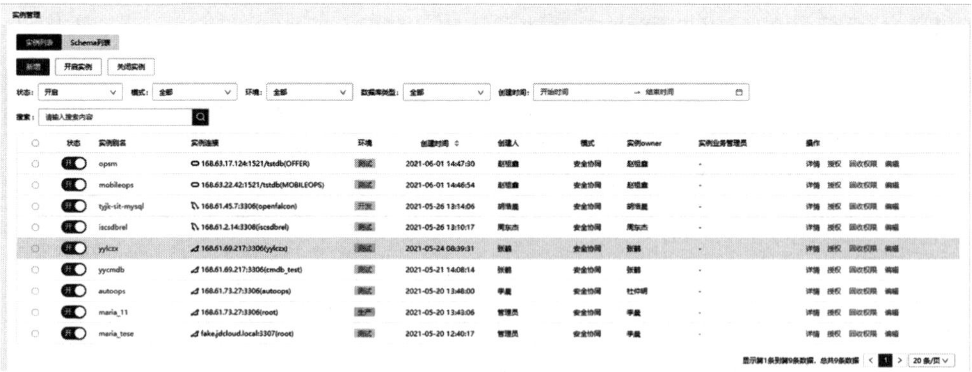

图 16　接入数据库截图

图 17　主机操作拦截界面截图

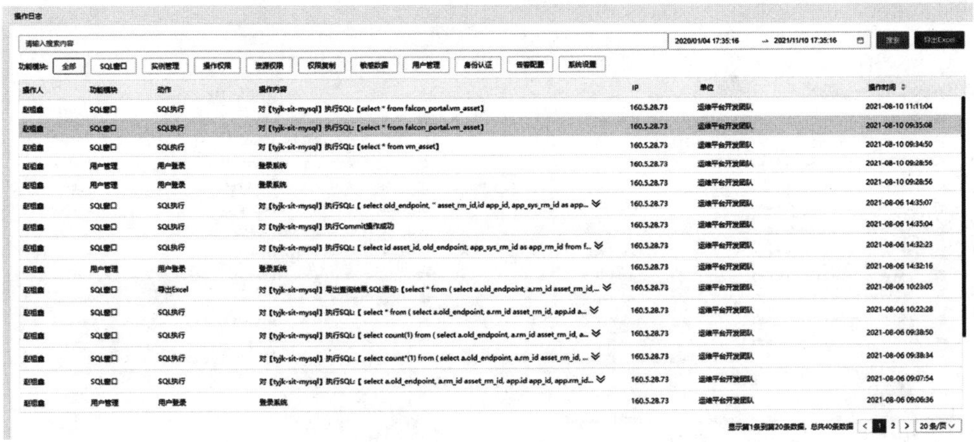

图 18　操作行为审计信息界面截图

图 19　基于角色（owner）的授权图

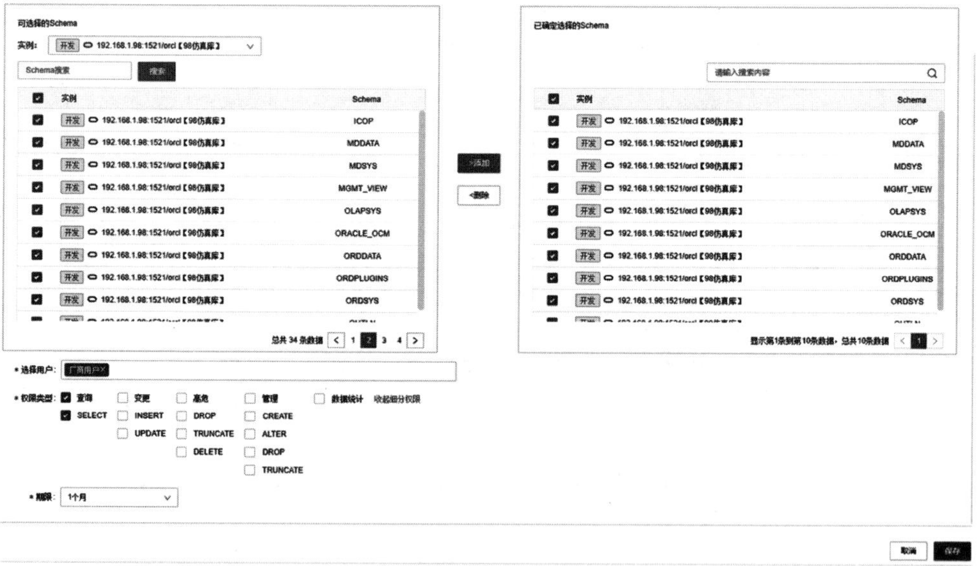

图 20　基于规则的授权图

图 21　基于行为的授权审批图

图 22　对操作行为的闭环审计图

7　结语

运行操作风险由于其危害大、影响范围广，在金融科技时代，更应引起金融机构的广泛重视。本项目针对证券业务日常运维操作中的风险进行详细的研究，对操作风险进行了分级分类研究尝试，结合 AI 算法对操作行为进行了场景化分析，在此基础上，完成现有操作行为授权机制，从对象、操作、时间、结果等多个维度进行了操作权限控制，并结合华泰证券的实际情况，开发了一套运维白屏化系统，对日常运维操作进行智能化、细粒度管控，取得了较好的实际应用效果。

参考文献

［1］李凤华，苏铠，史国振，等．访问控制模型研究进展及发展趋势［J］，电子学报，2012，40（4）：805－813.

［2］王风晓．基于桌面虚拟化的运维审计系统的设计与实现［D］．北京：华北电力大学，2017.

［3］徐美娇．基于 Windows 平台的运维操作审计技术的研究与实现［D］．北京：华北电力大学，2019.

［4］孟春．金融企业 IT 人力外包服务采购若干问题解析［J］．招标采购管理，2017（8）：35－38.

［5］杨晏忠．商业银行信息系统操作风险及其防范措施［J］．中国金融电脑，2008（8）：36－38.

［6］李俞霖．金融数据泄露风险及其制度应对策略［J］．品牌研究，2020（32）：205.

［7］金科，黄斐一．运维操作安全管控研究与实践［J］．电信工程技术与标准化，2021，34（282）：55－59.

［8］冯秀玲，宋枫舟．信息系统身份认证管理的研究与实践［J］．科技信息，2017（3）：53－55.

［9］王融．《个人信息保护法》——五个划时代意义［J］．大数据时代，2021（9）：56－63.

［10］胡琳．华夏银行技术处长给系统植入病毒以测试 BUG 的名义上千次盗取资金［N］．每日经济新闻，2019－02－02.

基于知识图谱的智能问答系统*

摘要：随着人工智能技术的广泛应用，智能问答系统为客服系统提供了一种高效、智能化的解决方案。当前智能问答系统主要基于QA文本的检索、语义匹配方法，标准问题平铺式展开，缺乏抽象、串联，从而造成知识管理难和对用户意图理解不准的问题。本课题旨在通过构建领域、场景客服知识图谱，缓解知识管理和语言理解难题。通过构建客服知识图谱，实现知识的结构化管理，提高问题识别和意图识别的准确率，降低问题误识别率，同时减少知识维护和管理的成本。本系统还具有跨场景高效复用的特点。基于本课题的智能问答系统在生产环境中，问题识别准确率提升1.2个百分点，问题误识别率下降2.1个百分点，同时知识点维护数量从5000减少到500左右，运营效率大大提升。

关键词：知识图谱　智能问答　知识管理　意图识别

1　课题背景描述

社会需求、信息环境以及人工智能基础和目标的转变，促使人工智能走向2.0时代。近年来，人工智能2.0向大数据智能、群体智能、跨媒体智能、人机混合增强智能、自主智能系统五大方向发展的重要性和影响力已开始展现。当前，我们要认识到，推动人工智能2.0的发展，除了算力、算法、数据之外，还有如知识等其他要素，而其中数据和知识是两个最重要的基本关键元素，多种知识的协同使用，以及知识和数据的联合驱动将能促进人工智能算法与系统的创新，并提高它们的效率与水平。

---

* 本文由恒生电子股份有限公司林金曙撰写。

目前市面上，智能客服都是基于 QA 对的检索式问答方式，需要对知识库进行整理，无法根据上下文进行推理。主要存在两点困境：

一是知识管理痛点。成千上万的知识点，缺乏关联，给知识运营和管理带来困扰，却又需要维护大量的相似问。其表现出来的两种现状：

（1）问题设置过细，问题过于相似，容易误命中且知识管理任务繁重。

（2）问题设置过粗，管理任务轻，但答案过粗，客户不能得到精确的回答。

二是语言理解难点。语言具有多样性、歧义性、复杂性、复用性、模糊性等特点。现在的系统即使使用了基于预训练的一些大模型，也不能很好地解决复杂问题、模糊问题，在迁移到新的业务场景时也不能很好地复用原有领域的训练语料。

新一代的智能客服基于知识图谱的问答系统，可通过多轮交互确认意图匹配精准答案。本课题设计主要针对意图匹配精准答案，暂不涉及多轮方案。

2 整体设计

目前证券行业知识库超过万级别，主要业务包括开户、银证转账、账号密码操作、软件操作、新股中签、产品、行情等。构建证券领域客服的知识图谱，有利于提升现在智能客服效果，进一步提升客户满意度。知识图谱关键技术流程通常包括 6 个步骤：知识建模、知识存储、知识抽取、知识融合、知识计算和知识应用。主要考虑客服图谱特殊性，知识相对静态、数据量不是特别大（万级左右）且没有过于复杂的推理。因此，我们把核心步骤进行了简化，剩下 3 个最核心的步骤包括知识建模、知识应用以及知识管理模块（见图 1、图 2）。

整体方案设计核心要注意以下三点：

（1）意图、槽、属性等与原有知识库的关系，以及与算法如何进行融合。

（2）知识是随着时间迁移动态变化的，如何设计应用算法框架适配知识的变化。

（3）如何让业务人员更加便利地保持原有使用习惯维护知识库，从而缓慢过渡到新的知识维护工具。

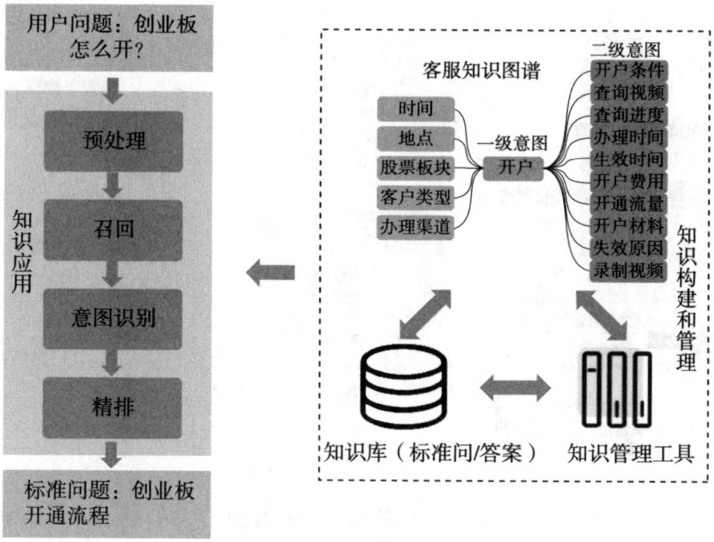

图 1　整体设计架构

图 2　相关真实系统截图

2.1　客服知识建模

知识建模是建立知识图谱的概念模式的过程，相当于关系数据库的表结构定义。为了对知识进行合理的组织，更好地描述知识本身与知识之间的关联，需要对知识图谱的模式进行良好的定义。一般来说，相同的数据可以有若干种模式定义的方法，设计良好的模式可以减少数据的冗余，提高应用效率。因此，在进行知识建模时，需要结合数据特点与应用特点来完成模式的定义。相关系统客服截图见图 3。

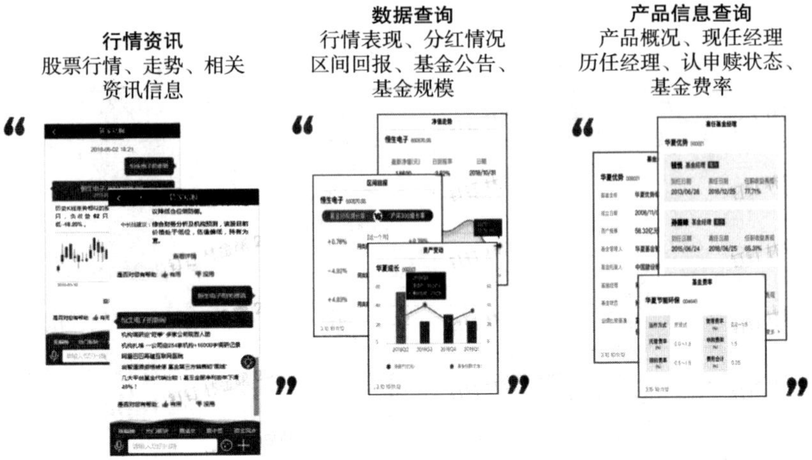

图3　相关系统客服截图

知识建模通常采用两种方式：一种是自上向下（Top－Down）的方法，即首先为知识图谱定义数据模式，数据模式从最顶层概念构建，逐步向下细化，形成结构良好的分类层次，然后再将实体添加到概念中。

另一种则是自下向上（Bottom－Up）的方法，即首先对实体进行归纳组织，形成底概念，然后逐步往上抽象，形成上层概念。

为了保证知识图谱质量，通常在建模时需要考虑以下几个关键问题：

（1）概念划分的合理性，如何描述知识体系及知识点之间的关联关系。概念可以等同于业务意图，尽量减少冗余。

（2）属性定义方式，如何在冗余程度最低的条件下满足应用和可视化展现。

（3）后续的知识扩展难度，能否支持概念体系的变更以及属性的调整。主要涉及业务意图管理和原始知识库对应问题。

本课题中主要采取自上而下和自下而上结合的方式，有利于快速解决大部分常见问题如开户、银证转账、账号密码操作等，算法融合知识过程中可以快速验证有效性，有效缩短知识构建时间周期。

知识建模设计总结：围绕业务一级意图建立图谱关系，二级意图为一级意图属性。

一级意图10大类，尽量保证不发生变化：银证转账、开户、新股中签、账号密码、行情基本信息、产品基本信息、公司基本信息、手机软件操作、个人基本信息、金融基础知识类（定义类）。

二级意图共计 80 多类，即一级意图的属性：开户（流程、权限、生效时间、费用、材料等）；银证转账（查询、绑定、更换、补办、注销等）；账号密码类（查询、重置、修改、激活、登入等）等。

槽即实体，同一个实体实例一般具有互斥性，如板块、时间、地点、渠道、产品、上市公司、银行、银行卡、账号类型、密码类型等。

2.1.1 意图设计

根据证券领域语料的特殊性，我们采用实体（槽）、意图（一级意图）和属性（二级意图）三种节点来构建图谱。为了方便知识的梳理和维护，我们分别按意图组建各自的子图。经过对知识库中语料的梳理，总结出 11 类开户类意图的属性、8 类账号密码类意图的属性、10 类银证转账类意图的属性。开户类和银证转账类意图的子图分别如图 4、图 5 所示。

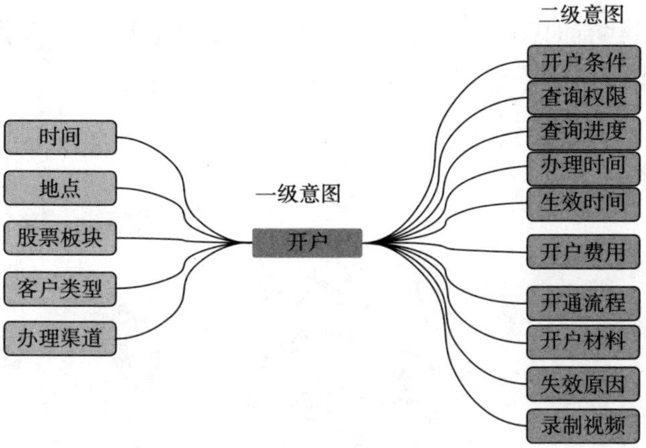

图 4 开户类意图子图

2.1.2 槽（实体）和值的整理

各个证券公司的常见业务知识库中，标准问数据的数量约万个。目前都是直接用词条存储的，条目繁多，错综复杂，知识管理比较困难。幸运的是，经过对客户真实日志数据的分析，我们发现知识库中标准问被访问的次数头尾效

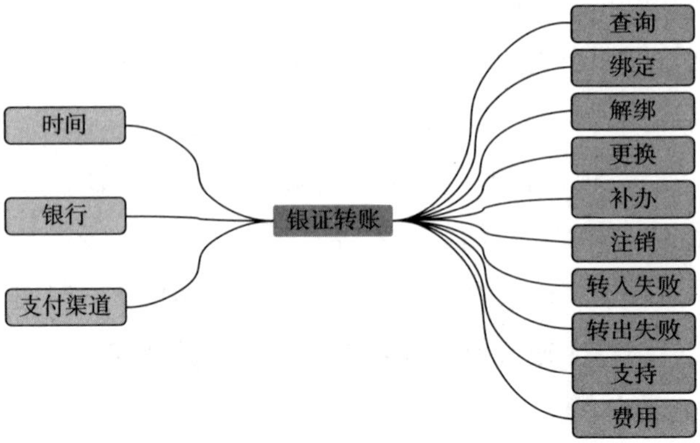

图 5 银证转账类意图子图

应非常明显。如开户类、账号密码类和银证转账类被访问次数占比分别为18.8%、16.7%和7.2%。而这些类型又是相对可以结构化梳理的。这里我们重点介绍以下三类意图子图的梳理。

2.1.2.1 开户类意图

开户类意图共有时间、地点、股票板块、客户类型和办理渠道5个槽位，每个槽位对应的值如图6所示。

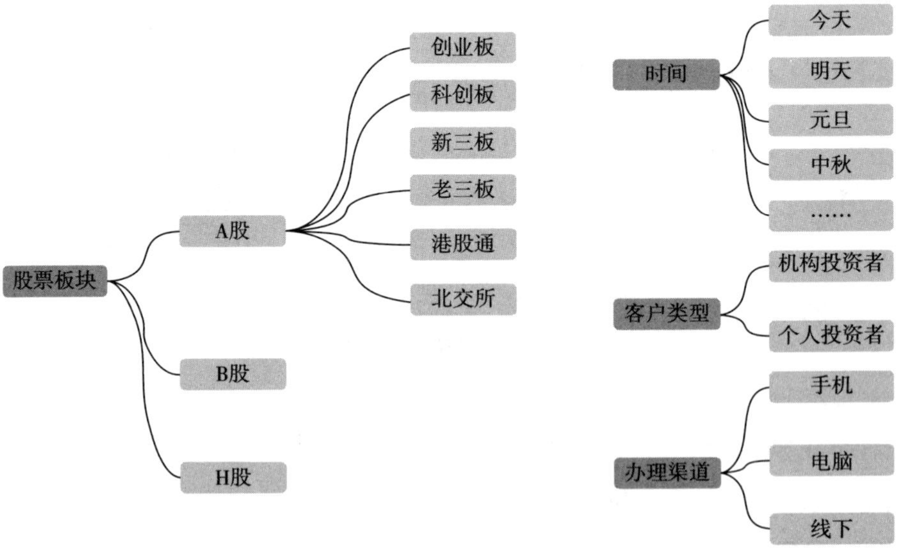

图 6 开户类意图槽位对应图

2.1.2.2 账号密码类意图

账号密码类意图共有办理渠道和账号密码类型 2 个槽位，它们对应的槽值如图 7 所示。

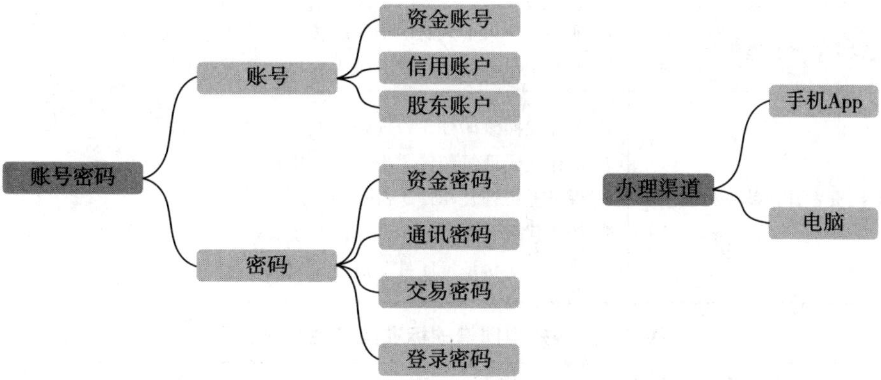

图 7 账号密码类意图槽位对应图

2.1.2.3 银证转账类意图

银证转账类共有时间、银行、银行卡和支付渠道 4 个槽位，它们对应的槽值如图 8 所示。

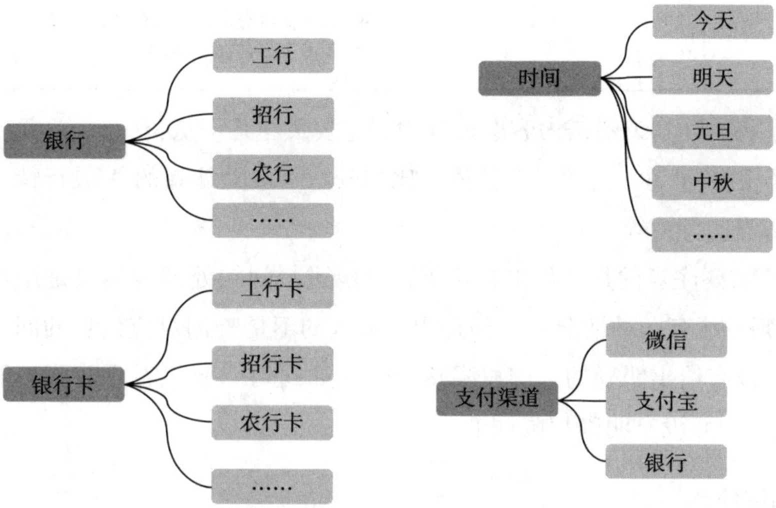

图 8 银证转账类意图槽位对应图

2.1.3 意图（一级、二级）、槽和标准问对应关系设计

一般存储于知识库的信息包括2列核心信息，如表1所示。

表1 传统标准问答关系对应表

标准问	答案
个人投资者开户携带材料	1. 证券开户人本人的中华人民共和国居民身份证原件； 2. 证券账户卡原件（新开证券账户者不需提供）
机构投资者开户携带材料	1. 营业执照复印件3份（经年检）； 2. 机构代码证复印件3份（经年检）； 3. 税务登记证复印件3份； 4. 法人代表身份证复印件3份（正反面）； 5. 代理人身份证复印件3份（正反面）

表2 融入知识图谱的标准问答关系对应表

标准问	意图	二级意图	槽	答案
个人投资者开户携带材料	开户	携带材料	类型：个人投资者	1. 证券开户人本人的中华人民共和国居民身份证原件； 2. 证券账户卡原件（新开证券账户者不需提供）
机构投资者开户携带材料	开户	携带材料	类型：机构投资者	1. 营业执照复印件3份（经年检）； 2. 机构代码证复印件3份（经年检）； 3. 税务登记证复印件3份； 4. 法人代表身份证复印件3份（正反面）； 5. 代理人身份证复印件3份（正反面）

为了将设计知识图谱内容融入其中，主要关注几个点：

（1）很多问句，会省略默认值。比如开户一般默认指的A股行情，问行情默认是指当前行情等。

（2）需要注意的是，如果自然语言理解进行问句处理的结果是用户意图为NULL，则可能有两种情况：一种是用户输入的不是查询对应信息的问句，另一种是用户没有给出明确的查询权限意图。比如问句“我想看看我能不能买创业板”，句子中并没有明确权限词汇。

2.2 知识应用

问答系统主要包括5大模块：预处理模块、召回模块、正则模块、意图

模块和相似度模块（见图 9）。预处理模块主要是对输入的文本进行标准化处理，分词、去除停用词、同义词替换和理财产品实体识别等。召回模块主要是根据输入的词语内容，采用 BM25 算法从知识库召回相关的标准问，减少后续计算的范围。正则模块是一个备用的硬干预手段，用来临时处理突发错误的情况。意图模块是根据用户的输入判断用户的意图，并根据意图和槽将其映射到相关的标准问上，以精准匹配到标准问或缩小计算的范围。意图的框架和效果与知识的梳理情况紧密相连。精排模块主要是针对证券领域的特殊情况，先预训练了一个模型。然后在此模型的基础上进行相似度精调，最后根据相似度大小排序。

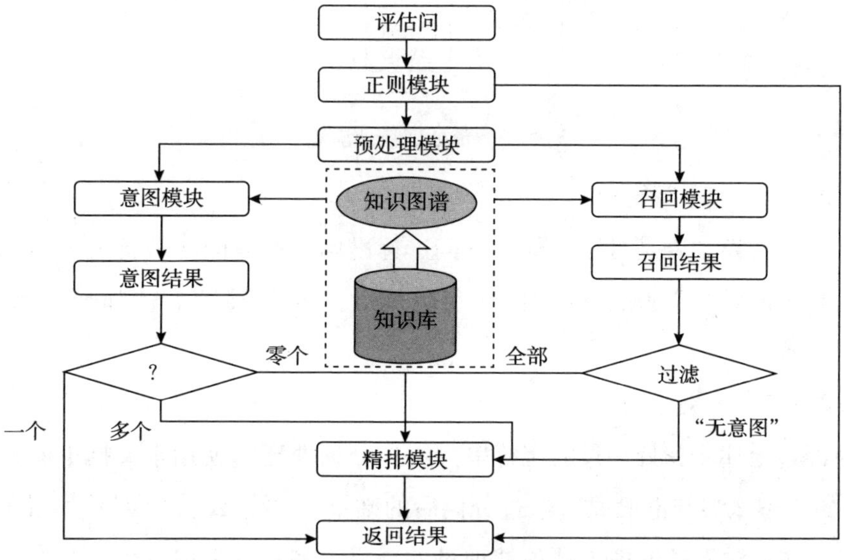

图 9　问答系统处理流程

2.2.1　预处理模块

文本预处理模块是针对输入的用户问、标准问、扩展问三种输入的文本类型在进行文本匹配之前作预处理，以减少文本中的噪声。图 10 是不同类型的文本在预处理模块的预处理流程图。

整个预处理模块分为五个步骤，分别是大小写转换、中文分词、标点符号预处理、停用词预处理、同义词预处理。

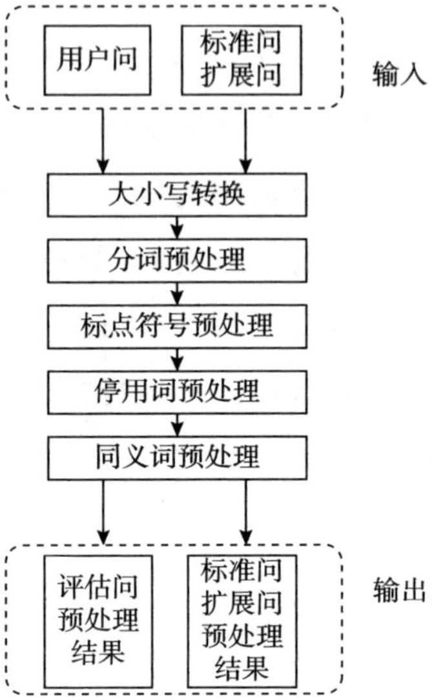

图 10　预处理模块流程

2.2.1.1　大小写转换

大小写转换主要是对输入的用户问、标准问、扩展问统一转为大写，以达到数据格式的统一。例如将"如何参与 a 股交易"转换为"如何参与 A 股交易"。

2.2.1.2　中文分词

对经过上述步骤处理过的字符串文本作分词处理（使用本文档中的分词服务）。如"怎么参与港股通"经过分词后的结果（"怎么""参与""港股通""?"）。（注：对于经过多主题预处理过的结果，如果结果中有多个文本，需要对这多个文本分别作分词预处理。之后的预处理步骤也如此。）

2.2.1.3　标点符号预处理

在经过分词之后，对分词结果中的标点符号作去除操作（"怎么""参与""港股通""?"）变为（"怎么""参与""港股通"）。

2.2.1.4　停用词预处理

停用词预处理是将分词后词语列表中多余的与语义无关的词语去掉，减少文本中的噪声。

2.2.1.5 同义词预处理

同义词预处理用来将相同表达含义的词语映射成同一个词汇。如“两融”“融资融券”“信用账户”表达的是同一个含义，可以将它们都映射为“融资融券”。另外，错别字“创业版”也可以通过同义词映射为“创业板”。预处理方法：维护一个同义词表，对于标点符号预处理后的结果，经过同义词表匹配，作同义词替换。如（“怎么”“开通”“创业版”）经过同义词预处理后为（“怎么”“开通”“创业板”）。

2.2.2 召回模块

旧的召回模块在召回时会将标准问对应的所有扩展问的分词结果都考虑进去，导致词分布中的词语范围非常广泛，答非所问的测试问也常常有知识点召回。而且词分布的词语范围随着后续扩展问的增加还会不断扩大，从而答非所问的情况更频繁。新的召回模块采用 BM25，丢弃了词分布的机制，召回的结果将更加稳定和精确。召回模块流程图如图 11 所示。

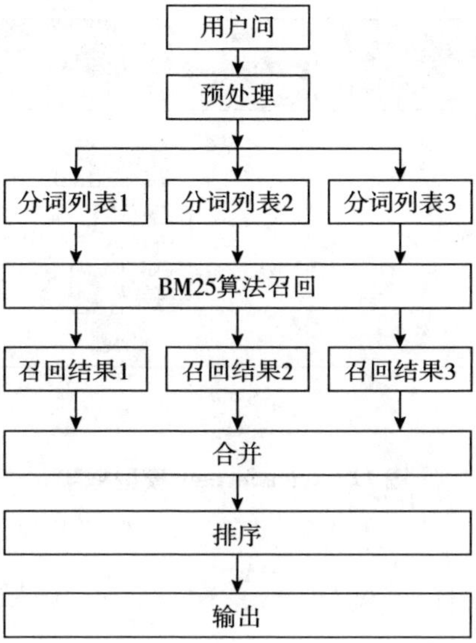

图 11 召回模块流程

2.2.3 意图模块

在当前的许多智能问答系统中，需要根据用户提出的问题的文本语义，判断其意图后做出不同的回答。在进行意图识别的时候，我们结合标注的意图和实体信息，建立意图分类和实体识别的多任务模型。

首先基于上述提取的融合稀疏特征和预训练模型特征，增加一层全连接层，用于交互这两种特征，然后再使用 transformer 层对语义进行交互，在输出层中设置两种输出层：CRF（condition random filed）层和全连接层（Dense），其中 CRF 层用于金融实体的识别，全连接层用于句子的意图分类，最后将两者的损失函数累加进行训练，从而实现两个任务的共同训练。具体模型框架如图 12 所示。

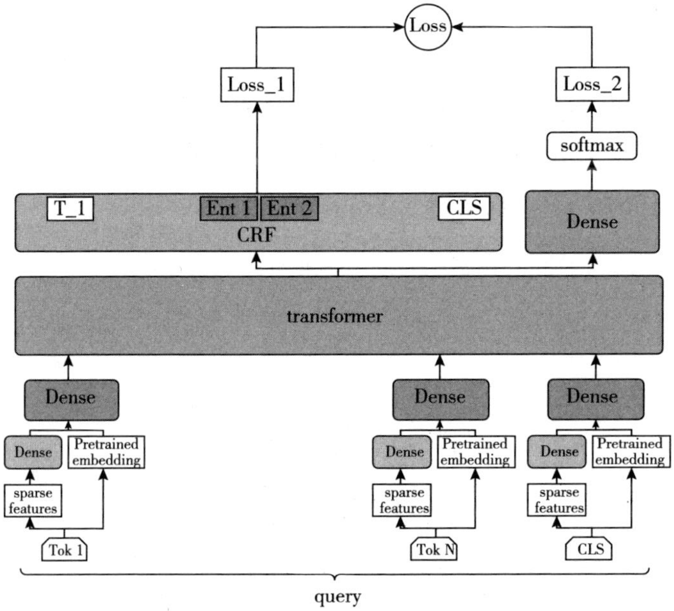

图 12　transformer 模型框架

2.2.4　精排模块

2.2.4.1　负样本采样

负样本类型有三种：第一种是随机从语料中选取的，第二种是 BM25 检索后排在前面的非正样本，第三种是其他查询（query）对应的正样本作为负样本。在实际问答场景中，系统需要处理的数据并非是从整个语料中随机选取的，而是经过 BM25 召回后的数据。所以随机采样的方法不适合于我们的场景。虽然 BM25 检索的数据符合我们的场景需求，但是在实际训练中我们无法将太多检索样本加入模型训练。少量的检索样本会使得模型有偏离，在遇到检索样本外的数据时易出现错误。过多的检索样本加入模型训练又会使得计算开销巨大，而且训练非常低效，一个批量样本（batch）中可能只有几个 query。为此，我们采取了一种混合的采样方法，每个 query 从 BM25 的检索结果中选取 topk 个负样本，然后选取其他（m－1）个 query 的正样本当作该 query 的负样本，每个 query 共有 topk＋（m－1）个负样本。检索的负样本增加了模型的训练难度使其更贴近真实场景，其他 query 的正样本增加训练数据的覆盖范围，同时也增加了训练数据的利用效率。假设批量样本的大小为 m * topk，每个批量的标签可以表示成图 13。

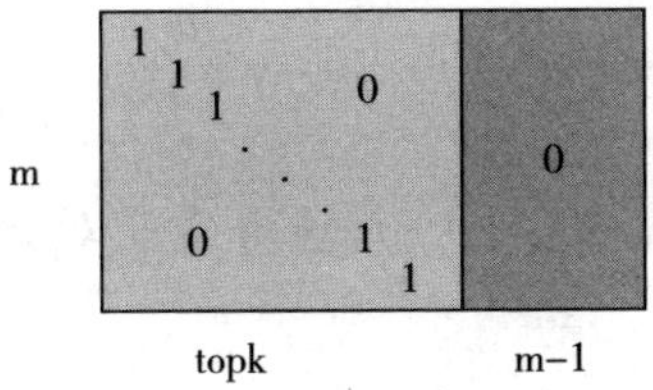

图 13　样本为 m * topk 标签表示图

2.2.4.2　排序学习

在训练时，为了使模型能正确区分出正负样本，我们有计划地将单个 query 的所有正负样本同时放在一个 batch 里输入。而且为了满足问答系统的时效性，我们采用了 bi－encoder 的训练框架。所有样本都是单独编码和计算得分，这样保证了后续推断时可以将问句和知识库里的词条解耦编码。样本经过 bi－encoder 框架后可以得到各自的标准化的 embedding。通过这些 embedding 可以计算出 query 与正负样本的相似度得分 s_i。这些相似度得分随后会经过 softmax 处理得到 p_i（公式 1）：

$$p_i = \frac{e^{s_i^+/\tau}}{e^{s_i^+/\tau} + \sum e^{s_j^-/\tau}}. \quad \text{（公式 1）}$$

经过这个处理，单一 query 寻找相似正样本的任务转变成了一个类似多分类的任务。此外，因为 softmax 后输出的概率容易趋向于 0 或 1，所以我们额外增加了一个相似度任务。设定一个阈值0.8，约束标签为1的两个样本相似度大于阈值，标签为0的两个样本相似度小于0.8. 目标函数的公式2为

$$loss = -\sum_{i} y_i \log p_i + y_i [0.8 - s_i]_+ + (1 - y_i)[s_i - 0.8]_+. \quad (公式2)$$

直接采用传统二分类学习方法来解决排序问题存在两大缺点：一是二分类0-1学习时正负样本不一定在一个batch里面，且负样本是所有的标签为0的样本，分类学习难度大；二是二分类的分界线是绝对的，这里会有些与正样本相近的负样本，它们会相互影响。我们采用类似多分类学习机制，正负样本在一个batch里面，从对比学习的角度看有增强的作用，且分类是相对的不是绝对的，正样本不容易受其他batch里的负样本影响。相似度任务和排序任务在一起统一训练也有效地解决了排序顺序与相似度大小不一致的问题。

2.3 知识管理

知识管理主要分为两大内容：一是业务人员对原有知识库的管理，二是客服知识图谱的管理。

恒生当前可提供一套完整的知识本体构建工具，提供在线本体快速构建以及高质量行业数据快速映射导入。

■ 基本特性：

- 支持本体编辑，图形化界面；
- 适用于工业化本体构建场景；
- 支持多人在线协作编辑，并且实时更新；
- 能够导入集成使用现有的（结构化）知识；
- 支持大数据量；
- 能够支撑事件、时序等复杂知识表达。

■ KGMS的管理工具：

- 以实体为主体目标，实现不同来源的数据进行映射与合并；
- 利用属性来表示不同数据源中针对实体的描述，形成对实体的全方位描述；
- 利用关系来描述各类抽象建模实体的数据之间的关联关系，从而支持关

联分析；

- 使用事件机制描述客观世界动态发展，体现事件与实体间的关联，并利用时序描述事件的发展状况。

■ KGMS 的优势：

- 实现不同数据类型的建模、支持动态事件数据的建模；
- 使用时态信息存储实现事件时间描述；
- 在线并发编辑支持，提供导入、集成功能，能够把现有的知识通过导入功能进行集成；
- 以存储为桥梁，实现与自动算法的结合；
- 支持大数据量的知识图谱编辑：编辑是基于底层的知识图谱存储的，每次编辑时加载到前端的仅为当前相关的数据，避免内存溢出。

2.3.1 属性管理

恒生 KGMS 提供属性信息的新增、删除、修改、查找、属性与属性之间关系的维护。属性包括数值属性、关系属性及关系属性的边属性。

数值属性：是指针对概念的简单数据类型描述，它的值域是数值、字符串、日期、布尔型等简单的数据类型。

关系属性：用于描述两个对象之间的，因为关系属性的值域也是对象。

边属性：用于对关系的描述，它的定义域为关系属性。比如 A 公司投资 B 公司 5000 万元 C 轮投资，5000 万元、C 轮即为投资这个关系属性的边属性。

2.3.2 实例管理

恒生 KGMS 系统提供对实例信息的新增、删除、修改、查找、实例与概念及其他实例之间关系的维护。实例相互之间的关系包含相同、不同。实例与概念之间的关系为实例是某种概念的实例。比如，恒生电子是一家金融软件公司。实例拥有其所属概念的所有属性，在实例信息维护界面，用户可以对这些属性的值进行编辑。此外系统提供多维度对实例进行查询，并展示其关系。

2.3.3 标签管理

本系统支持对图谱中的实体打上不同的信息标签。通过管理台使用者可以对实体标签体系数据进行维护。

系统支持业务人员通过实体属性或者关系，为实体构建打标规则，进行批量打标。

3 总结

3.1 最终效果

目前基于知识图谱的智能问答方案已经研发完毕，不仅提升了最终问答的效果，而且减少了知识维护和管理的成本。总结下来具有以下四大要点。

（1）核心指标提升：问题识别准确率提升 1.2 个百分点（由 93.2% 提升至 94.4%），意图识别准确率提升了 0.4 个百分点（由 98.1% 提升至 98.5%），问题误识别率下降了 2.1 个百分点（由 4.8% 下降至 2.7%）。

（2）高效复用：如果一个企业有几千个产品标的（理财产品），可以达到举一反三的效果；如果新增加一个或多个实体，无须新增扩展问，直接把实体和属性的值自动填充，即可生效；同时还实现了知识瘦身，将知识点数量从 5000 减少到 500 左右；并且可以进行同场景复用、跨场景复用。

（3）精准理解：KBQA 对问句的理解更加精细，它可以知道一个问句涉及的实体是什么实体，属性是什么，槽是什么，有效地解决了意图乱窜的问题以及精细回答的问题。

（4）精细管理：当知识数量较大时，增、删、改、查将会成为难题。通过知识结构化，从实体、属性、子属性等多个维度对知识进行系统的梳理，知识的增、删、改、查将会更加便捷。

3.2 未来展望

如何在不需要知识梳理的情况下，用户可以从文本（基金合同、法规条款等）或者表格（财报三表）中直接获取问题的答案，成为后续一个值得研究的课题。尤其是机器阅读理解，可以进一步减少知识的管理和梳理。希望未来机器阅读理解能够搭配检索系统、知识图谱等技术，做到真正意义上的“阅读”和“理解”。

参考文献

[1] Kurt Bollacker, Colin Evans, Praveen Paritosh, TimSturge, and Jamie Taylor. Freebase: A collaboratively created graph database for structuring human knowledge [C]. Proceedings of the ACM SIG – MOD International Conference on Management of Data, 2008: 1247 – 1249.

[2] Jianpeng Cheng, Siva Reddy, Vijay Saraswat, and Mirella Lapata. Learning structured natural language representations for semantic parsing [G]. Proceedings of the 55th Annual Meeting of the Association for Computational Linguistics, 2017.

[3] Rajarshi Das, Manzil Zaheer, Siva Reddy, and Andrew McCallum. Question Answering on Knowledge Bases and Text using Universal Schema and Memory Networks [G]. Proceedings of the 55th Annual Meeting of the Association for Computational Linguistics, 2017: 358 – 365.

[4] Xin Dong, Evgeniy Gabrilovich, Geremy Heitz, WilkoHorn, Ni Lao, Kevin Murphy, Thomas Strohmann, Shaohua Sun, and Wei Zhang. Knowledge vault: A web – scale approach to probabilistic knowledge fusion [G]. Proceedings of the 20th ACMSIGKDD international conference on Knowledge discovery and data mining, 2014: 601 – 610.

[5] Anthony Fader, Luke Zettlemoyer, and Oren Etzioni. Open question answering over curated and extracted knowledge bases [G]. In Proceedings of the 20thACM SIGKDD international conference on Knowl – edge discovery and data mining, 2014: 1156 – 1165.

[6] Evgeniy Gabrilovich, Michael Ringgaard, and Amar – nag Subramanya. Facc1: Freebase annotation of clueweb corpora, version 1 [EB/OL]. http: //lemurproject. org/clueweb09/FACC1/Cited, 2013 – 06 – 26.

[7] Matt Gardner and Jayant Krishnamurthy. Open – vocabulary semantic parsing with both distributional statistics and formal knowledge [G]. Thirty – First AAAI

Conference on Artificial Intelligence, 2017.

[8] Alexander Miller, Adam Fisch, Jesse Dodge, etc. Key – value memory networks for directly reading documents [G]. Proceedings of the 2016 Conference on Empirical Methods in Natural Language Processing, 2016.

[9] Bonan Min, Ralph Grishman, Li Wan, etc. Distant supervision for relation extraction with an incomplete knowledge base [G]. In Proceedings of the 2013 Conference of the North American Chapter of the Association for Computational Linguistics: Human Language Technologies, 2013: 777 –782.

[10] Arvind Neelakantan, Benjamin Roth, and Andrew McCallum. Compositional vector space models for knowledge base completion [G]. In Proceedings of the 53rd Annual Meeting of the Association for Computational Linguistics and the 7th International Joint Conference on Natural Language Processing, 2015: 156 –166.

基于区块链的私募基金全生命周期存证解决方案研究与实现*

摘要： 区块链技术与金融业务相融合，可充分发挥区块链在促进数据共享、优化业务流程、降低运营成本、提升协同效率、建设可信体系等方面的创新作用。中泰证券利用上证链平台区块链技术和行业联盟链的特点奠定信任基础，积极响应国家信创发展战略，自主研发证券业务区块链存证平台，匹配证券行业多业务场景的需求痛点，为证券业务形成有效保障和技术支撑。本文就目前证券行业联盟链上证链在私募业务场景的应用进行分析，为区块链在证券行业应用探索提供思路。

关键词： 私募业务　区块链　数据存证　信创

1　绪论

1.1　选题背景及应用意义

随着数字化时代的到来，电子数据快速增长。区块链作为一种新型的互联网技术，依托其不可篡改特性、时间戳特性和不可抵赖等特性得到了监管、司法的认可。区块链技术在金融行业的应用上，在国内外已经有了广泛的实践，如证券发行、交易和清算等业务开展了诸多创新试点。企业在业务开展过程中发生纠纷事件处置时，面临证据分散、取证困难、完整性证据难以保存、取证

* 本文由中泰证券股份有限公司何波、刘凯、王恩潭、董延敏、张永启、向元武、李倩倩，上证所信息网络有限公司蔡楚煌、魏胜男、刘雪峰和上海特高信息技术有限公司崔建军、陈卿共同撰写。

的业务数据与系统日志分析整理周期较长、证据真实性和难以自证清白等问题。因此，一个能够快速出证并且监管可信的存证平台是非常重要的，本项目目标见图 1。

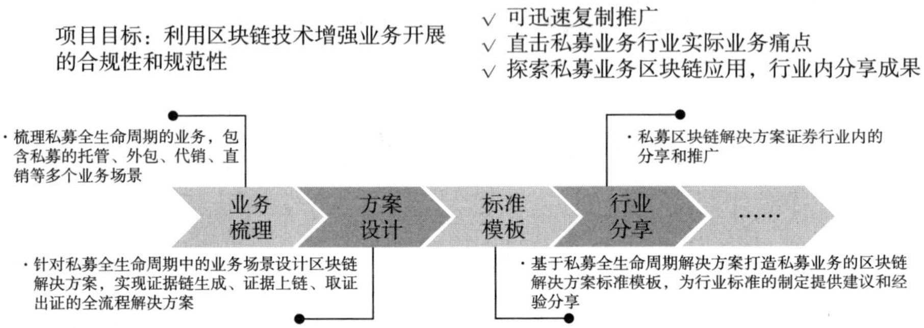

图 1　平台目标规划图

1.2　区块链技术在证券领域应用

在国外金融领域，2016 年美国证监会主席 White 指出，“区块链在提升证券市场交易、清算、交收环节的现代化水平，简化业务流程，甚至替代某些业务环节等方面具有潜力”，美国证券存托和结算公司（DTCC）于 2016 年 1 月呼吁全行业开展协作，利用分布式总账技术改造传统金融业结构。可见区块链有望在证券登记、清算和结算、智能协议、证券发行、金融资产交易等领域发挥作用，其在证券业有光明的发展前景。

在国内，2019 年 10 月中共中央政治局就区块链技术发展现状和趋势进行集体学习，习近平总书记在主持学习时强调“要把区块链作为核心技术自主创新的重要突破口”。“十四五”规划纲要指出区块链是七大数字经济重点产业之一。在金融领域，证监会科技监管局提出区块链高质量发展与数据治理，金融机构和多家券商也开始对区块链应用场景进行探索。上证所信息网络有限公司与复旦大学信息学院共同合作打造区块链底层技术构建的上证链平台，将区块链技术与“上证云”云计算技术两者相结合，为证券行业打造新一代数字金融“云链一体化”信息基础设施。券商在区块链上的应用也有许多实践，中泰证券运用区块链技术与私募业务场景相结合构建了基于业务场景流程的完整的链式证据，在出证时既能完整还原业务发生场景，又能基于上证链出证报告提供可信的证据信息。

2 私募业务展业痛点分析

2.1 私募业务发展背景

据中国证券投资基金业协会发布的私募基金管理人登记及私募基金产品备案月报（2021 年第 6 期），截至 2021 年 6 月底，我国私募基金的总规模已达到 17.89 万亿元，较业内公认的私募基金元年 2004 年的 7.89 亿元，16 年时间内增长了上万倍（见图 2）。

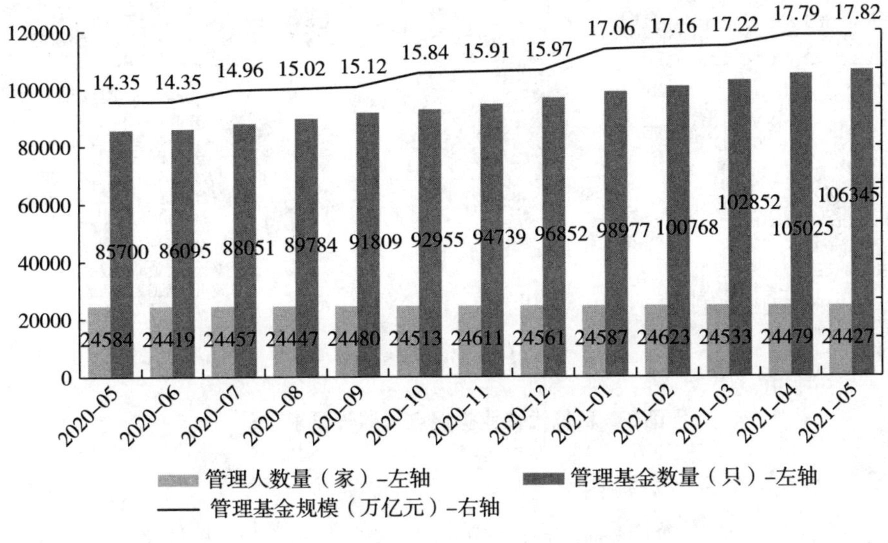

图 2 私募基金市场规模

2.2 私募业务痛点及需求

2.2.1 私募代销业务需求

《证券期货投资者适当性管理办法》第三十四条规定，经营机构与普通投资者发生纠纷的，经营机构应当提供相关资料，证明其已向投资者履行相应义务。传统私募代销业务存在履行监管留痕举证难、操作流程烦琐、用户数据安全性差等痛点（见图3）。中泰证券将私募销售线上化业务委托签约、下单环节使用区块链存证技术提取特征值形成证据链并将特征值、证据链上传到上证链，增强了私募线上化签约、交易下单过程的可信度，在保证投资者适当性管理、风险揭示的前提下，将私募销售业务流程由原来的2~3小时缩短为线上销售半个小时以内，极大地缩短了销售时间，尤其在疫情期间，线上化办理也给客户提供了更安全、更便捷的体验。中泰证券“中泰量化30”产品2021年销售接近80亿元，该方案优化了业务流程、提升了展业效率、提升了用户体验、降低了运营成本，同时提升了私募线上化业务的可信度。

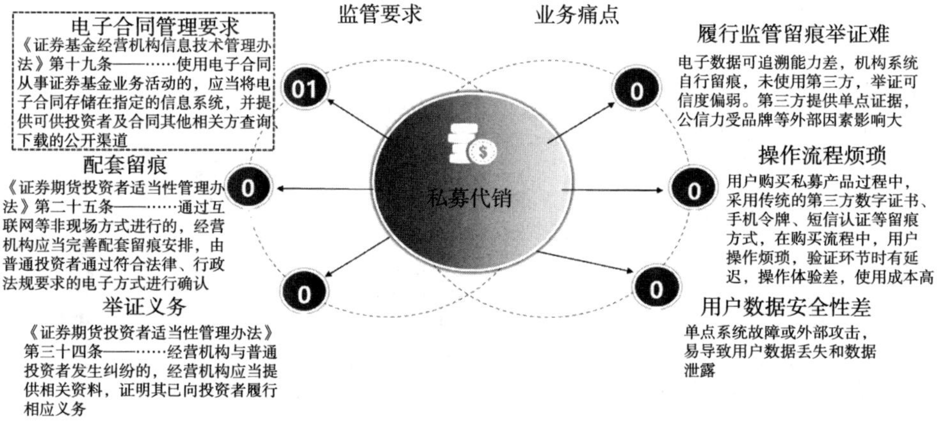

图3 私募代销业务痛点与监管要求

2.2.2 托管外包业务需求

私募托管外包全生命周期业务场景包含6大类型40多个具体业务场景，私募业务区块链存证平台对接私募业务的全生命周期包含三个阶段：产品准备与成立、产品运作、产品终止。业务场景涉及产品管理业务、估值核算业务、投资监督业务、清算交收业务、技术运维业务、档案管理业务等，存证数据类型含影像、音频、文件等。中泰证券把管理人服务平台划款用户开户、基金信息披露、托管资金划付、投资监督业务、清盘业务等业务场景进行业务链特征值上链，解决业务开展中面临的托管人难以自证履职尽责、提供业务数据难以自证真实可信等痛点，并在出现纠纷时能借助区块链技术实现快速、可信出证（见图4）。

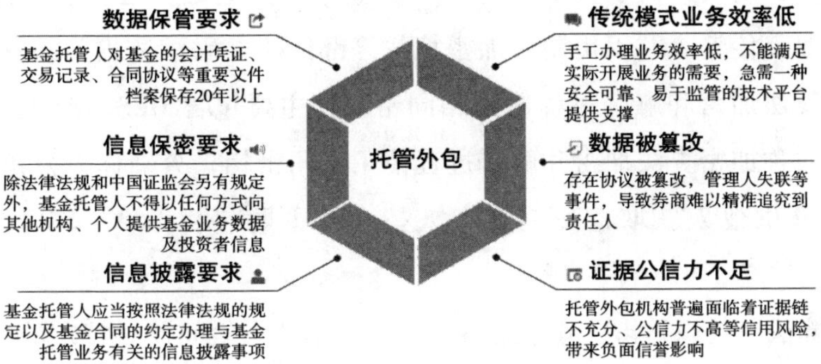

图4 托管外包业务需求与痛点

证券行业还涉及大量金融交易与结算、发行和登记、信息披露、股权交易清算结算等其他场景，对数据的安全、不可篡改、可追溯及监管等提出了更高的要求，目前中泰证券也在围绕这些场景的痛点积极地尝试和探索区块链解决方案。

3 私募业务区块链解决方案

3.1 区块链技术应用

3.1.1 区块链技术

自比特币、以太坊等虚拟货币概念出现以来，围绕区块链建设的去中心化、多方监督信息共享、智能合约和隐私计算等核心区块链技术得到快速发展。从数据结构上看，区块链技术作为单向链表，其链接指针是利用了密码学上不可逆的哈希散列函数对区块头进行处理所产生的哈希值。从组织架构上看，区块链是一个由点对点网络组成的分布式数据库，每个节点通过共识算法共同维护了全网一致的分布式账本。广义来讲，区块链技术是利用分布式节点共识算法来生成和更新数据、利用密码学的方式来保证数据传输和访问的安全、利用由自动化脚本代码组成的智能合约来编程和操作数据的一种全新的分布式基础架构与计算范式。

密码学：现代密码学技术是构建区块链系统的基础，区块链中的分布式存储、点对点传输、共识机制、加密算法等都依赖密码学及相关的安全技术。对称加密算法加密和解密过程使用相同密钥，主要包含 DES、AES、IDEA 等算法，非对称加密算法加密和解密过程使用不同密钥，分别称为公钥和私钥，公钥可公开供他人获取，私钥为个人持有，主要包含 RSA、SM2、ECC 等算法。

共识算法：共识是指在分布式系统中，多个节点之间通过特定的机制（共识算法、协议），对相互之间的数据、行为达成一致的过程。在区块链系统中没有中心化的数据库，每个节点都存有分布式账本的完整拷贝，需要通过共识机制来保证分布式账本数据的一致性。常见的共识机制包含 POW（工作量证明）、POS（权益证明）、DPOS（委托权益证明）、BFT（拜占庭容错）以及基于 VRF（可验证随机函数）的共识算法等，其他的共识机制如 PBFT、VBFT、Algorand、Tendermint、Dfinity、HotStuff、LibraBFT 等。

分布式存储：分布式存储是一种数据存储技术，通过将数据分散存储在网络中的多个节点来缓解单节点的存储压力，同时也能保证数据的完整性。传统的分布式存储系统一般是以中心节点作为中枢向各个分布式节点进行数据的备份，数据一般是按照某种特定的分片规则划分后分散存储。区块链中的分布式存储与传统的分布式存储系统的区别在于不存在中心节点，每个节点都独立存在并且是地位相同的，通过共识机制进行新增数据的交互和确认，维护账本保证数据的一致性。

3.1.2 区块链技术适用性

区块链技术的应用符合国家创新发展要求，区块链技术可实现多方协作与数据共享，减少价值传递成本；为数据增信，提高举证可信度；保护数据安全、满足监管合规要求等优点，适用于解决私募业务痛点（见图 5）。

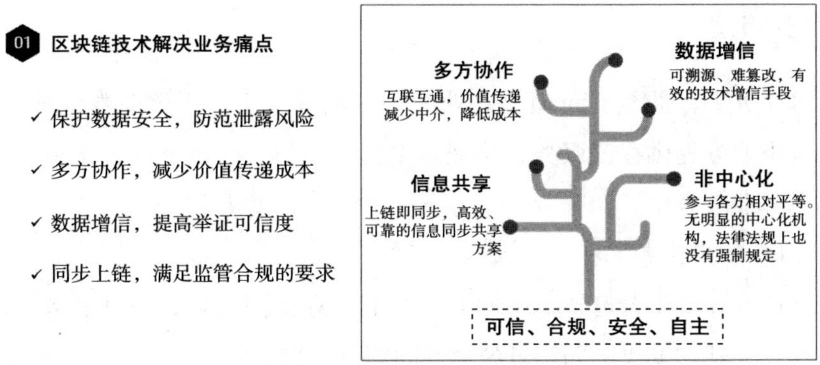

图5　区块链私募业务适用性

3.2　信创工作框架

政策要求加快金融基础设施建设，稳步推进金融业关键信息基础设施国产化，私募业务区块链存证平台采用金融行业信创工作框架（见图6），信创符合国家发展要求。使用国产信创服务器（基于ARM架构鲲鹏920处理器的华为泰山服务器）做应用服务承载，实现安全可控，达到可掌控、可研究、可发展、可生产的目的，保障私募业务区块链存证平台运行及数据存储的安全可靠。

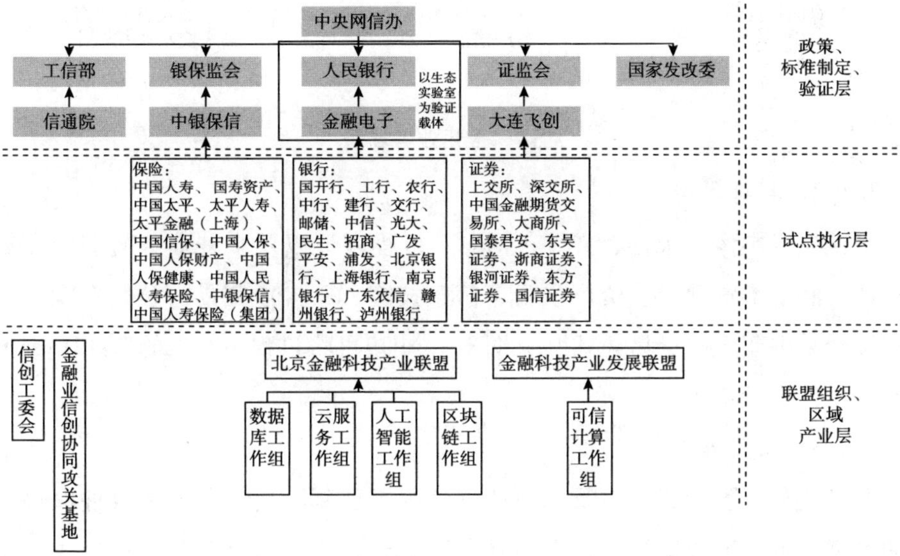

图6　信创框架

3.3 业务方案

私募业务平台的核心价值是在业务合规的前提下，不改变券商业务系统，为券商各类业务提供存证服务，保证数据真实可信且未被篡改，全流程线上服务提高私募业务效率。

3.3.1 适用业务类型

私募业务存证平台可解决不同业务的数据存证问题，如公募业务、场外市场业务等，一站式解决不同场景的共性问题（见图7）。

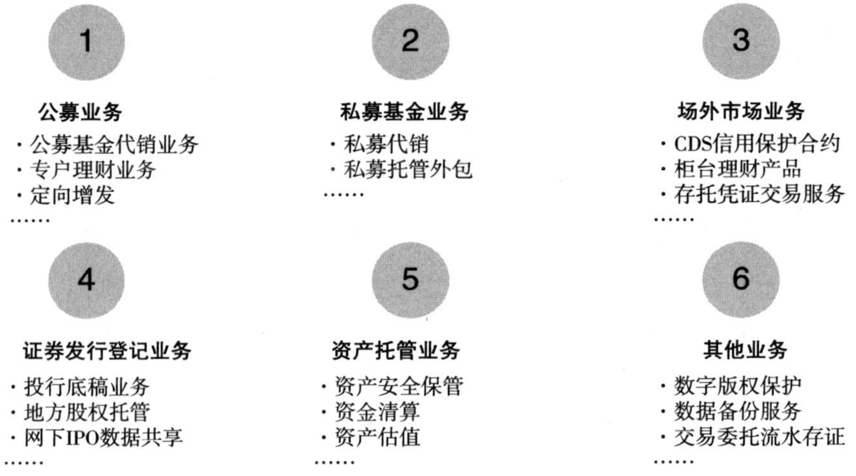

图7 应用业务场景

3.3.2 存证类型

平台支持影像、录音、文件、网页、过程存证以及多种业务类型的交易凭证存证，涵盖增资项目、资产项目、信息披露、碳排放交易、公共资源、知识产权等交易中产生的交易凭证（见图8）。用户可将过程中产生的WORD或PDF版本的文件进行存证。

3.3.3 业务流程

私募业务全生命周期涉及多项业务流程，私募区块链存证平台抽取每项业务的关键节点，形成证据链并上传到存证平台，确保每个业务闭环形成完整的

图 8　存证类型

证据链条，通过存证码可以作为该条证据链的检索标志。

如图 9 所示，用户登录存证平台，根据存证流水或业务流水号查询相对应的业务流水，并对该存证流水进行出证，查询存证流水详情，可以看到该存证流水的上链步骤详情，用户可以通过快速出证在线阅览出证结果，或下载存证报告，查阅 PDF 版存证报告。

PDF 版存证报告展示该业务的基本情况、基本案情、鉴定过程、分析说明、验证结果等内容，鉴定过程说明了存证的检验步骤，检验工具，分析说明模块对本平台文件哈希计算过程进行了说明，以证明本报告结果的科学性与合理性。

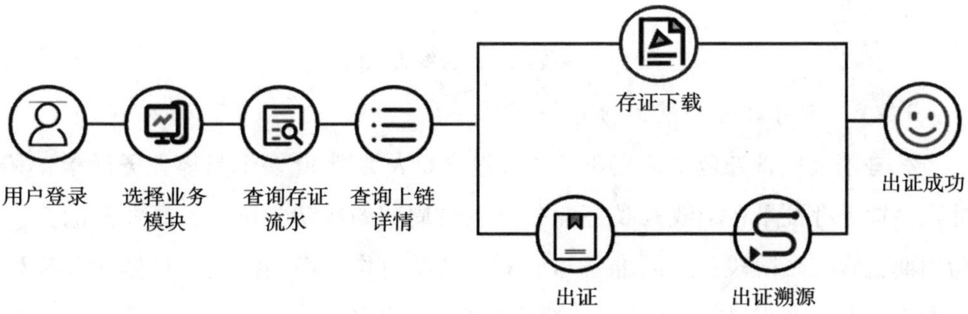

图 9　平台出证流程

通过私募业务的电子协议签署场景示例说明本平台业务的上链路径，私募业务电子协议签署流程上链过程包括：将托管人登录电子协议平台、托管人签署电子协议、管理人登录电子协议平台、管理人签署电子协议、投资者登录电子协议平台。投资者签署电子协议等每个环节的关键字段进行上链，由私募业务区块链存证平台留痕。

3.3.4 私募代销案例

私募代销业务需经过特定对象认定、适当性匹配、基金风险提示、合格投资者确认、签约打款、投资冷静期以及回访等过程。私募业务区块链存证平台通过提取私募代销业务环节关键数据上传到上证链，保存全业务流程的关键证据（见图10）。

图10 私募代销业务线上化流程

3.3.5 私募托管外包案例

私募基金托管外包全流程业务场景包含6大类型40多个具体业务场景，私募代销业务存证平台上线是私募业务全生命周期的成功尝试，私募业务的全生命周期包含三个阶段：产品准备与成立、产品运作、产品终止，具体业务流程如图11所示。业务场景涉及产品管理业务、估值核算业务、投资监督业务、清算交收业务、技术运维业务、档案管理业务等，存证数据类型包含影像、音频、文件等。私募业务区块链存证平台作为券商内部系统，重点实现券商内部系统与上证链平台的“松耦合”，实现业务系统与存证中台的关系可简便存证流程，减少对业务系统的改造。

图 11　私募托管外包生命周期流程

3.4　技术方案

3.4.1　私募业务区块链平台简介

区块链存证平台可以实现将券商业务系统与上证链的数据交互进行解耦合，实现数据不出券商本地，而数据特征值上链存证。通过深入分析业务核心流程，按照业务范围定义通用业务单元，建立通用业务模型。业务单元采用链式结构、环环相扣，实现数据增信。抽象业务单元作为上链实体，降低链上存证数据的业务复杂度、提升业务扩展能力、提高查询及出证效率。

证券业务区块链存证平台作为证券业务数据的集中仓库，核心价值是在业务合规的前提下，不改变券商业务系统，为券商各类业务提供存证服务，保证数据真实可信且未被篡改，业务全流程线上留痕，快速溯源，数据报送等区块链存证平台简介如图 12 所示。

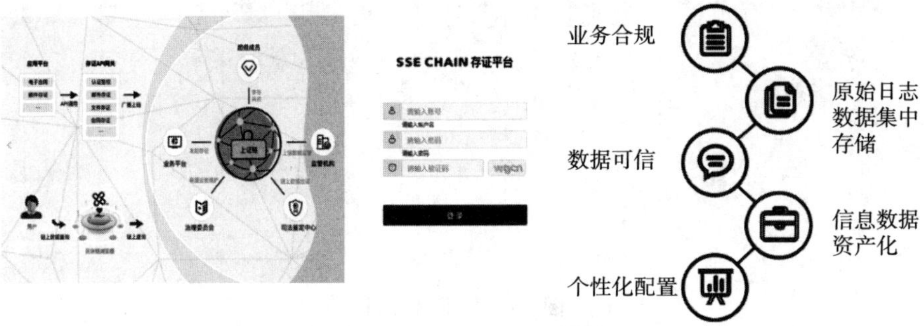

图 12　区块链存证平台简介

私募业务区块链存证平台优势在于：

（1）实时存证，可证性更强。传统区块链存证无法实现数据实时上链，上证链业务中台能够将交易数据实时上链，参与交易的双方无法对数据进行修改，保证上链数据真实未被篡改。

（2）原始数据不出户，打消数据泄露顾虑。上证链业务中台实现了数据存储与数据上链分离，业务数据保留在券商本地，特征值实时上传到上证链，降低了数据泄露的风险。

（3）通过应用层展示数据，保留数据解释权。通过应用层券商用户可选择性对外展示数据，对于部分敏感数据或错误数据可不展示，业务中台保留了券商用户对上链数据的解释权。

3.4.2 平台功能介绍

（1）业务数据上链。业务数据实时上链，数据落库与数据上链相分离，用户完成下单的同时，业务数据实时上传到上证链存证平台，即时形成存证码。链式数据结构上链，业务源头可追溯，区别于传统的数据和文件存证，“证据链”在确保用户隐私数据安全的同时，将用户识别验证、用户操作留痕、适当性检查与电子协议有机衔接，同时上链，真正实现源头可信。每一步关键环节的上链字段自定义，满足标准化与个性化的上链模板需求，如图13所示。

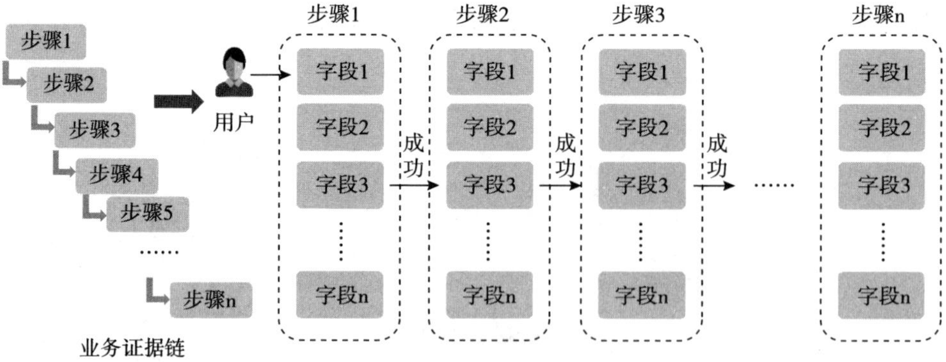

图13　存证链设计

（2）业务数据存证。用户下单同时，即完成对关键业务环节的存证，用户可通过存证码，查看每个业务场景下的上链关节步骤及节点信息，如图 14 所示。

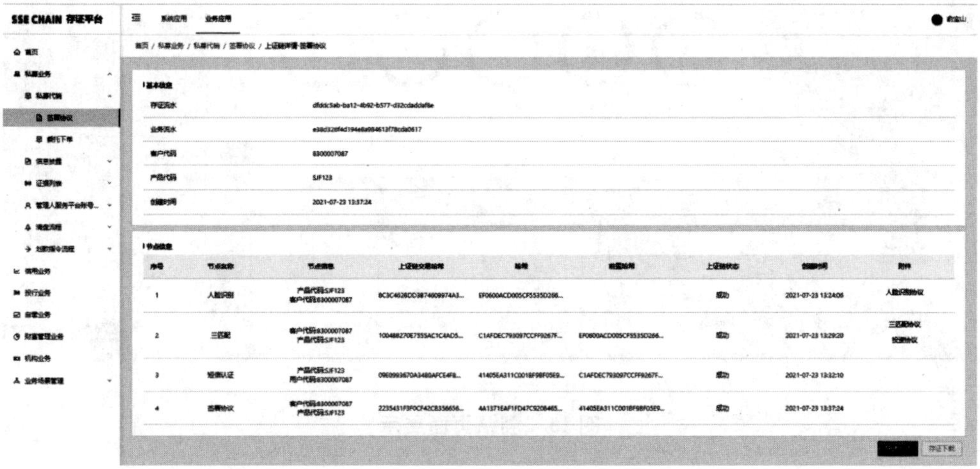

图 14　存证详情页面

（3）业务数据溯源。根据存证码可对业务存证源头进行追溯，还原“证据链”上所有交易环节。平台可以还原全链路存证过程，用户可以通过可视化的界面看到溯源过程，如图 15 所示。

（4）出具存证报告。平台通过存证码实现快出证，首先，根据客户信息、交易时间查询交易流水等业务数据，交易哈希值在上证链进行出证，对本地业务原始数据哈希值进行再计算得出新值；其次再计算出的哈希新值与链上原始哈希值进行比对；最后，由平台出具存证报告（见图 16）。

3.4.3　技术架构

证券数据存证平台集 SDK 部署、存证中台、上证链、券商端功能整体的解决方案。SDK 部署涵盖私募业务、理财业务、投行业务、信用业务等一系列业务。存证中台连接应用服务层与券商端，并对接上证链存证平台（见图 17）。

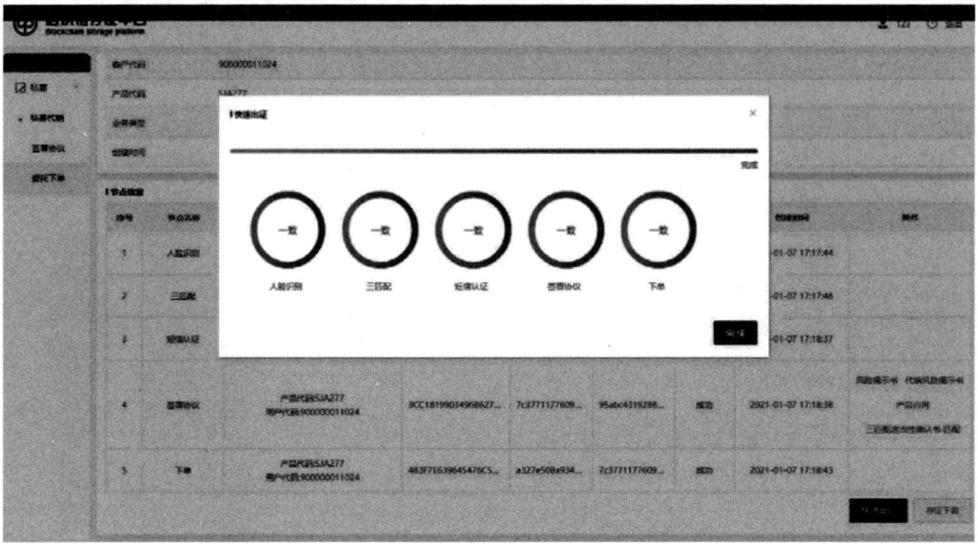

图 15　溯源页面展示

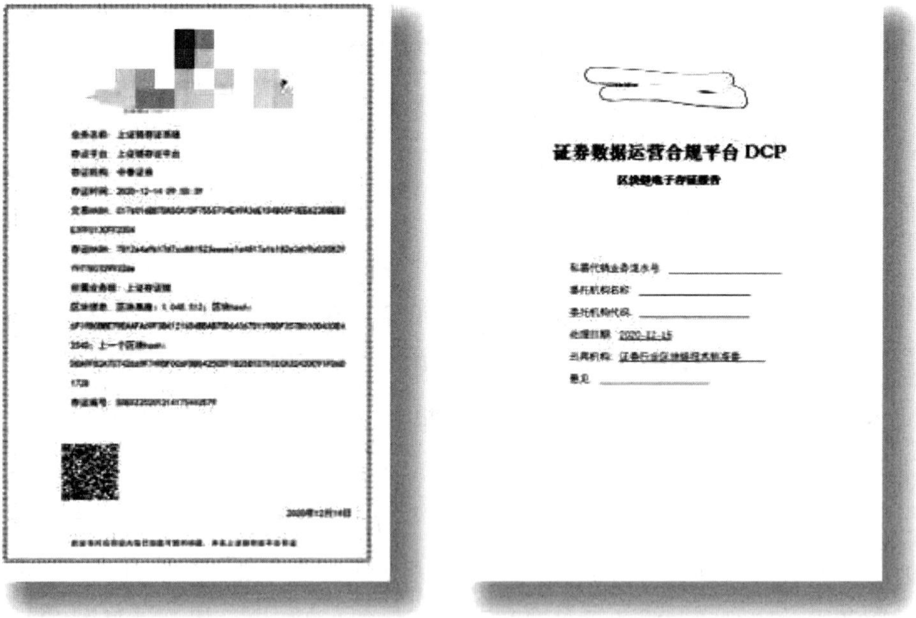

图 16　出证报告

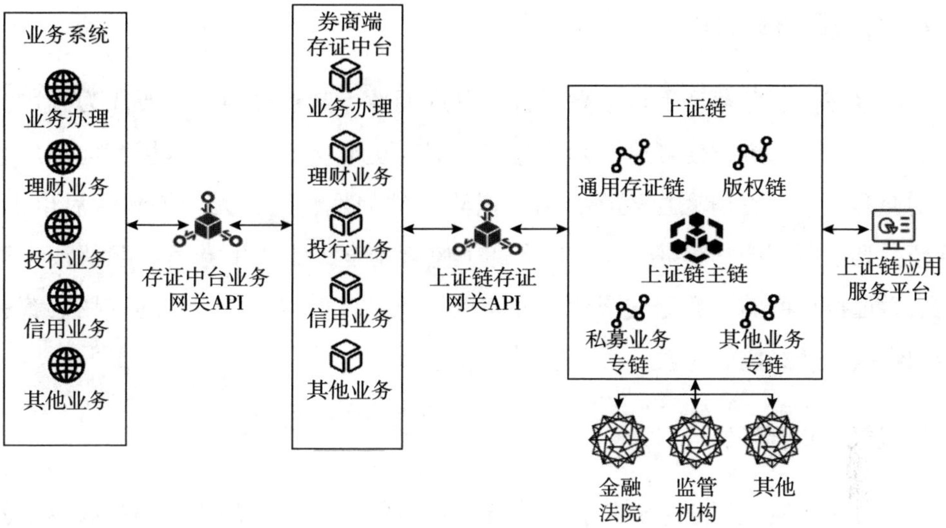

图 17　技术架构

4　结论

作为证券业务数据存证平台，平台的核心价值是在业务合规的前提下，不改变券商业务系统，为券商各类业务提供存证服务，保证数据真实可信且未被篡改，全流程线上服务提高私募业务效率。私募业务数据存证平台给客户带来的关键价值如下。

4.1　促进数据共享

区块链的多种加密机制和多方维护的联盟链方式可使数据存储和流转环节更安全，区块链的签名验证机制可使数据在流通时更加可信并且可验证。借助上证链的数据加密和数据交换能力，基于区块链 + 隐私计算等技术能力实现证券行业内和行业外数据获取的合法、合规，为券商自身展业效率提升（例如，私募合格投资者认定数据共享）、数字化运营（例如，提升 KYC 能力，更好服务客户）和业务风险管理提供数据支持。

4.2 助力穿透式监管

私募基金业务存证平台提高了数据可追溯性，监管机构只需要成为区块链上的其中一个节点，便可追溯每一笔交易的历史痕迹，并实时监控其他用户节点的交易信息，看清底层资产，防范风险事件的发生，且无须等到事后申报；这便做到了所谓的“穿透”，大大降低了监管难度；解决了券商履职留痕举证难、举证可信度弱、数据安全性差等痛点问题，真正实现了传统的现场监管逐步向在线穿透式监管过渡，实现监管可视化。

4.3 优化业务流程

私募销售线上化业务委托签约、下单环节使用区块链存证技术提取特征值形成证据链并将特征值、证据链上传到上证链，增强了私募线上化签约、交易下单过程的可信度，在保证投资者适当性管理、风险揭示的前提下，将私募销售业务流程由原来的2~3小时缩短为线上销售半个小时以内，极大地缩短了销售时间，尤其在疫情期间，线上化办理也给客户提供了更安全、更便捷的体验。私募产品销售额大幅提高，“中泰量化30”产品2021年销售接近80亿元，该方案优化了业务流程、提升了展业效率、提升了用户体验，同时提升了私募线上化业务的可信度。

4.4 降低运营成本

在私募托管、外包业务中，把管理人服务平台划款用户开户、基金信息披露、托管资金划付、投资监督业务、清盘业务等业务场景进行业务链特征值上链，解决业务开展中面临的托管人难以自证履职尽责、提供业务数据难以自证真实可信等痛点，并在出现纠纷时能借助区块链技术实现快速、可信出证，降低券商因业务纠纷而产生的举证成本。

4.5 建设可信体系

数据资产是企业资产的重要组成部分，通过区块链证据链设计抽象业务全生命周期流程，并将业务流程中关键数据信息进行存储。业务关键信息提取和证据链设计同时也是数据治理的过程，按照证券业务分类制定证券行业业务证据链标准，同时将区块链业务标准纳入证券行业数据治理体系，建立证券行业数据治理体系，对接监管链与司法链，建设证券行业的可信联盟。

参考文献

［1］冯登国．非交互零知识证明及其密码应用［J］．密码与信息，1996（2）：14－22.

［2］胡萌．区块链电子证据的效力分析与规范路径［J］．证据科学，2021，29（1）：31－40.

［3］中国证券投资基金业协会．私募基金管理人登记及私募基金产品备案月报［R/OL］．（2021－06－15）［2021－07－29］．https：//www. amac. org. cn/researchstatistics/report/zgsmjjhysjbg/.

［4］贾开．区块链治理研究：治理、技术与政策［J］．行政论坛，2019，26（2）：80－85.

［5］袁勇，王飞跃．区块链技术发展现状与展望［J］．自动化学报，2016，42（4）：481－494.

［6］邵奇峰，金澈清，张召，等．区块链技术：架构及进展［J］．计算机科学报，2018，41（5）：969－988.

［7］曾诗钦，霍如，黄韬，等．区块链技术研究综述：原理、进展与应用［J］．通信学报，2020，41（1）：134－151.

［8］高小平，戚学祥．基于政策文本的区块链技术发展趋势与区域差异研究［J］．公共管理，2019（6）：114－129.

［9］工信部信息中心．2018 年中国区块链产业白皮书［R］．2018.

［10］国务院办公厅．关于建立我国风险投资机制的若干意见［S］．2000.

［11］中国证券投资基金业协会．私募投资基金电子合同业务管理办法［S］．2020.

面向固定收益投研场景的智能投研技术研究与应用示范*

摘要： 本课题旨在自主研发面向固定收益投研场景的智能投研一体化系统，帮助资管固收业务平滑投资、研究及交易工作流程，提升自动化智能化水平，并运用智能化技术赋能资管业务，巩固行业龙头地位。通过课题研究和系统研发，该系统已实现固收资管业务信息获取、信用研究、投资决策、交易测算、组合管理、资产配置、风险预警的一体化解决方案，其中用户自配置BI研报平台、"宏观+行业+政策+公司"四位一体智能预警、多资产混合配置平台和宏观报告比对等功能为业界重大创新。同时以该系统为载体，向金融同业输出买方研究、投资监控服务、投研工具等全面的"买方投研+科技增值"服务，引领国内金融行业全新业务生态。

关键词： 智能投研　智能化技术　BI研报　四位一体智能预警

1　课题概览

本课题旨在自主研发面向固定收益投研场景的智能投研一体化系统，即广发证券智能投研系统（GF Intelligent Investment & Research System，以下简称智能系统），旨在帮助资产管理固收条线的投研、风控人员，平滑投资、研究及交易工作流程，沉淀、传承和共享投研经验，辅助投研决策，降低操作风险，提升资管投研业务自动化智能化水平。

通过该项目实施，实现了资产管理业务信息获取、信用研究、投资决策、

* 本文由广发证券股份有限公司樊兴、冯海涵、丁里共同撰写。

交易测算、组合管理、风险预警的一体化解决方案，支持各业务条线流程数字化转型自动化、管理集中化和工作协同化，助力业务全面数字化和线上化转型，优化业务流程，在行业内探索业务管理新模式。同时以智能系统为载体，向金融同业输出买方研究服务、投资监控服务、投研工具，为现有客户和潜在客户提供全面的“买方投研+科技增值”服务，加大和巩固客户黏性、提升管理规模，开创科技与业务场景的深度融合，引领国内金融行业全新业务生态。

2 课题目标

依托于广发证券沉淀多年、领跑行业的投研能力和业务资源，以投研知识体系为基础、以业务需求驱动为导向、以智能投研应用建设为核心的滚动式开发方法，广发证券确定智能系统项目的整体实施目标。

广发集团在内部构建了集成信息获取、信用研究、投资决策、交易测算、组合管理、风险预警的一体化智能系统，助力资管固收、权益、资产配置、量化、风控等各业务条线全面数字化转型；并以投研系统为载体，对外输出买方研究服务、投资监控服务、投研工具，为现有客户和潜在客户提供全面的“买方投研+科技增值”服务，助力资管巩固客户黏性、提升管理规模，引领国内金融行业全新业务生态。

3 课题研发内容

3.1 投资管理：建立了产品交易指令、流动性管理、穿透分析到业绩归因的一体化投资交易管理平台

3.1.1 组合中心

利用智能大数据将O32、估值等内部系统数据和万得、同花顺、通联等外部资讯数据相结合，并根据算法计算产品、个债的相关指标及模型。基于这些数据向投资经理提供个性化的组合统计及分析工具，对产品进行全方位穿透式的管理，根据产品不同维度进行深度风险分析，实现对组合的全方面掌控。

3.1.2 产品中心

对投资经理下属产品进行深度分析，主要包括业绩表现、资产配置、风险分析、归因分析、申赎情况、同类比较六大类功能模块。业绩归因运用了Brinson和Campisi模型，对产品的收益进行全方位分析的同时提供了风格分析工具。同类比较允许投资经理自定义跟踪基准及所比较的市场上同类产品情况。智能系统产品中心操作界面见图1，配置场景见图2。

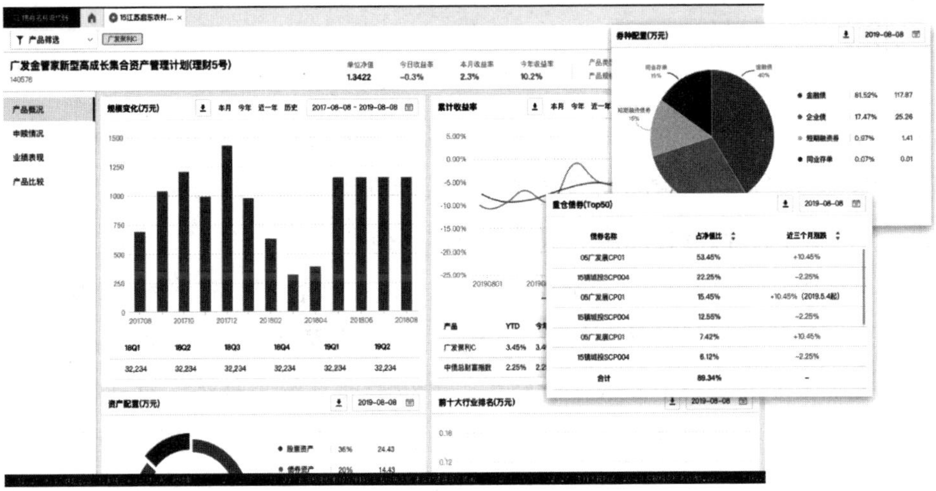

图1 智能系统产品中心操作界面

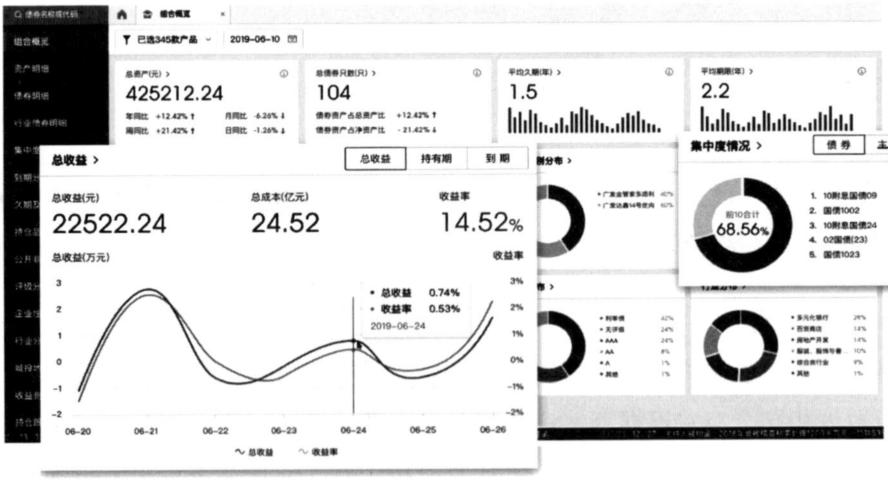

图2 智能系统配置场景

3.1.3 业绩归因

（1）根据资产大类进行业绩归因，包括股票（Brinson 模型）、债券（Campisi 模型）、基金、现金等，对产品的收益来源进行全面分析（见图3）。

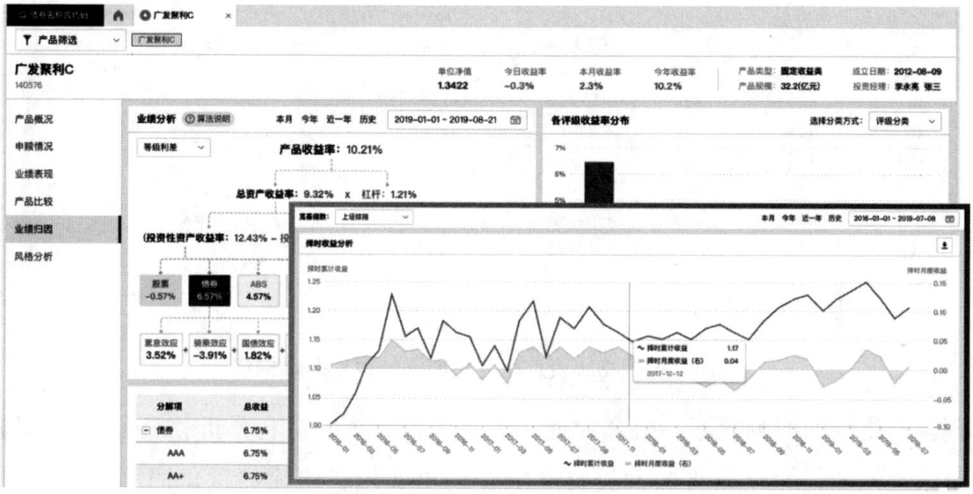

图3 智能系统业绩归因

（2）分析股票组合的投资风格，包括市值风格、价值成长风格等，对比基准业绩，得到盈利能力、风格择时能力、选股能力的评价。

3.2 资产配置：为金融机构大类资产配置提供实用、便捷的量化回测通道

智能大类资产配置中心支持构建权益、固收、公募基金等大类资产混合配置的模拟组合（见图4），相比市场上现存的诸多回测平台只支持单一品种资产回测的现状，智能多资产回测的算法和功能更契合大类资产配置的场景。尤其是债券类资产回测算法在国内债券领域仍处空白，受制于债券付息、提前偿还、提前兑付、行权等复杂现金流场景，且债券市场缺乏复权价格数据。智能系统率先研发了债券组合回测算法，模拟交易溢价、违约、换仓等现实场景，回测结果进行 Brinson 业绩归因，为债券提供量化投资新赛道。

智能系统还支持常规多维度选券、量化代码选券，多方式自动调仓，并实

图 4　智能系统资产配置中心——模拟组合构建

现模拟组合的回测验证、组合管理、收益风险分析、持仓分析、组合对比、每日滚动回测，为金融机构大类资产配置提供实用、便捷的量化回测通道（见图 5）。

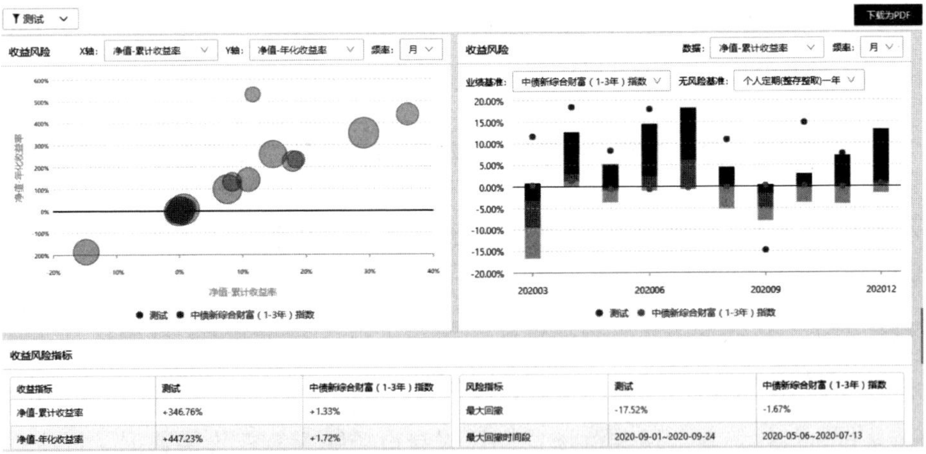

图 5　智能系统资产配置中心——模拟组合回测

3.3　传统研究与智能研究的区别：落地、升级并传承资管投研业务体系，BI、人工智能赋能研究决策

3.3.1　传统研究

智能系统依托于广发证券强大的研究团队和信用研究体系，建立了覆盖固收领域全品种和全行业的投研知识体系。

3.3.1.1　宏观研究中心

基于广发证券沉淀多年的宏观研究框架，运用BI研报生产线，整合海量宏观数据并提炼核心宏观因子，并构建图文并茂的宏观经济看板，覆盖了经济总量、投资、消费、进出口、通胀、PMI等关注要点，极大地方便了投资和研究人员监测宏观经济走势（见图6）。

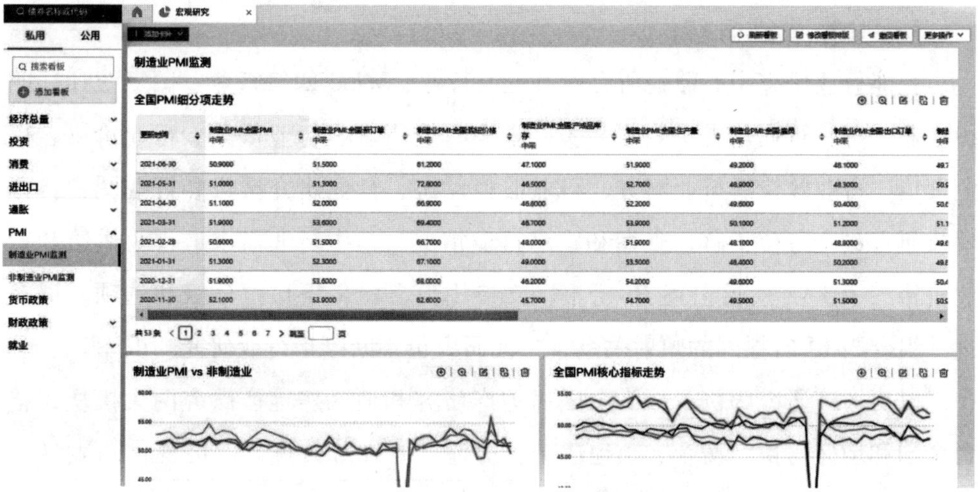

图6　智能系统宏观研究中心操作界面

3.3.1.2　市场研究中心

基于广发证券与监管机构联合研发的证券市场运行监测体系，运用BI研报生产线，构建了丰富的市场研究数据体系和用户看板，覆盖市场估值、市场结构特征、市场风险、市场资金面和市场涨跌归因等内容（见图7），方便投研人员监测、回顾市场并开展策略研究。

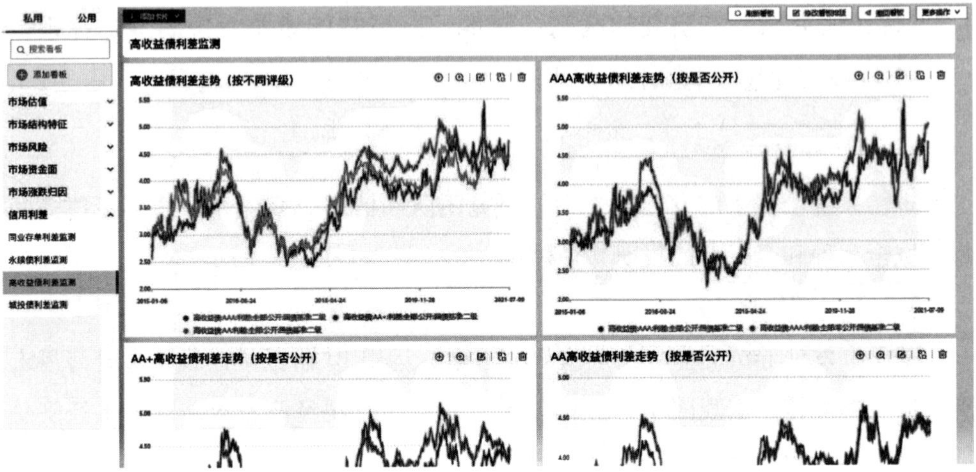

图 7　智能系统市场研究中心操作界面

3.3.1.3　行业研究中心

智能行业研究中心覆盖所有申万三级行业、Wind 四级行业、国家统计局四级行业，每一行业均支持查看相关企业、行业需求、行业供给、行业价格、行业舆情、行业政策、行业财务、行业股债动态、行业研究报告和行业图谱，方便投研人员全方位了解、查询和跟踪行业情况。其中行业需求、行业供给和行业价格三个 TAB 对接上述 BI 研报，支持用户自定义下拉框分级和选项，以及选项组合与 BI 研报间的映射关系，方便研究员不断维护行业研究知识库。

以房地产研究为例，分为全国房地产研究和地区房地产研究两大模块，整合全国和地区房价、房企、土地成交、房地产开发等数据，以可视化图表（地图、图表、表格等）展示全国和地区层面房地产行业及企业基本面的最新概况和历史变化（见图 8）。

3.3.1.4　地区研究中心

智能系统基于广发证券资管“地区基本面—地区融资能力—平台基本面”自上而下的城投分析方法论，建立一套多维视角、数据完备的地区研究平台。从地区经济财政数据梳理，到地区发债融资、利差、舆情、非标违约等地区融资能力分析，到地区城投研究，进行大数据整合和数据可视化，帮助投研人员

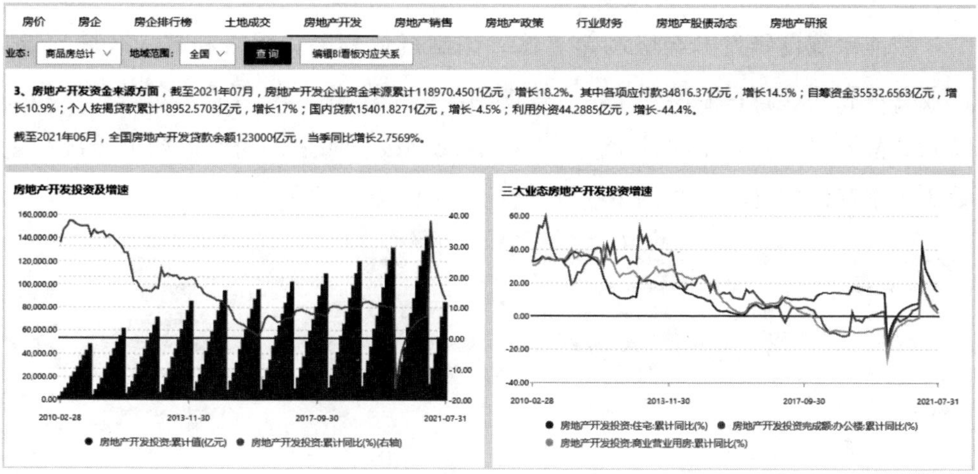

图 8　智能系统行业研究中心操作界面（以房地产行业为例）

一站式分析地区和城投。并建立地区简评自动生成机制和地区量化评级模型，支持用户实时查看地区文字分析和定量评级结果。

智能系统基于地区基本面研究体系，多渠道采集数据源→自然语言处理（NLP）动态提取数据＋人工整理提取数据→机器一致性校验＋人工定期核验→建立地区经济财政债务指标的大数据中心。覆盖全国省、市、区、县、园区的154 项核心指标＋244 项明细指标，沉淀 60. 35 万数据量，其中省、市数据跨度2010—2020 年，区县、园区数据跨度 2016—2020 年（见图 9）。

区域城投　区域经济、财政及债务　区域房地产　区域非标违约　区域舆情　区域评级　区域政府公告　区域预警　区域简评　补充/修改区域数据

区域名称	城投债余额(亿元)	城投家数(全口径/含并口径)(家)	一般预算收入(亿元)	一般预算收入增速	一般预算支出(亿元)	一般预算支出增速	财政收支平衡率	税收收入(亿元)
盐城市	1,356.92	51/41	400.10 46/341	4.47% 97/341	974.16 30/339	11.01% 50/339	41.07%	300.40 47/316
亭湖区	213.37	6/5	39.00	5.05%	48.16	15.53%	80.98%	32.34
盐都区	173.80	5/3	38.42	5.06%	74.61	8.51%	51.49%	30.80
建湖县	113.40	3/3	31.66	4.98%	91.20	-2.40%	34.72%	23.40
城南新区	86.70	1/1						
大丰区	75.60	6/5	53.57	5.02%	112.60	17.21%	47.57%	41.80
东台市	53.28	5/5	54.60	5.00%	118.38	8.90%	46.12%	42.60
射阳县	46.68	3/3	30.90	8.05%	96.17	4.90%	32.13%	24.09
响水县	29.68	4/4	23.10	5.00%	70.53	9.39%	32.76%	17.78
阜宁县	27.40	5/4	28.30	2.17%	91.71	1.79%	30.86%	22.64

共11条　< 1 2 >　跳至　页　下载数据

图 9　智能系统地区研究中心——地区经济财政债务

3.3.1.5 信用利差研究

智能系统自研发升级版利差算法，编制行业利差、等级利差、区域利差、同业存单利差、高收益债利差、永续债利差等累计超过20万条。每种利差均支持筛选公开或非公开、收益率基准、一级或二级、期限，相比市场上传统利差更为丰富和使用灵活（见图10）。

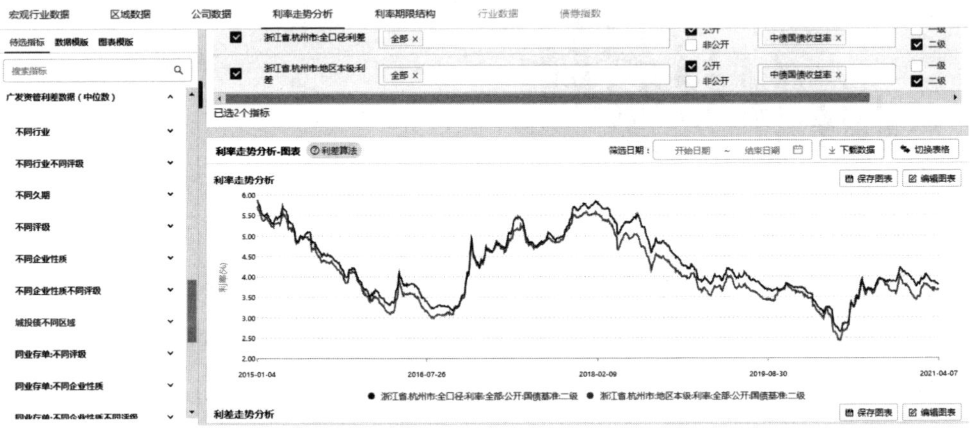

图10 智能系统信用利差操作界面

3.3.1.6 隐含评级研究

智能系统自研发隐含评级研究体系，编制全市场个券隐含评级、主体隐含评级和地区隐含评级，相比中债隐含评级计算更客观、种类更丰富。隐含评级用于预警潜在信用风险、验证传统评级结果、挖掘投资机会以及为一级市场定价作参考（见图11）。

3.3.2 智能研究

引入BI、大数据、人工智能等前沿技术，建立“资管智能研究大脑”。

3.3.2.1 BI研报生产线

针对金融机构沉淀的上万种报告模板（公司报告、宏观行业日报周报月报、产品跟踪报告等），打破以往针对每种报告定制开发数据和自动研报的僵局。智能系统把报告模板配置权交给用户，为用户搭建了因子库、数据浏览器、指标编辑器、图表编辑器、数据分析组件、富文本编辑器、BI研报配置平台等基础

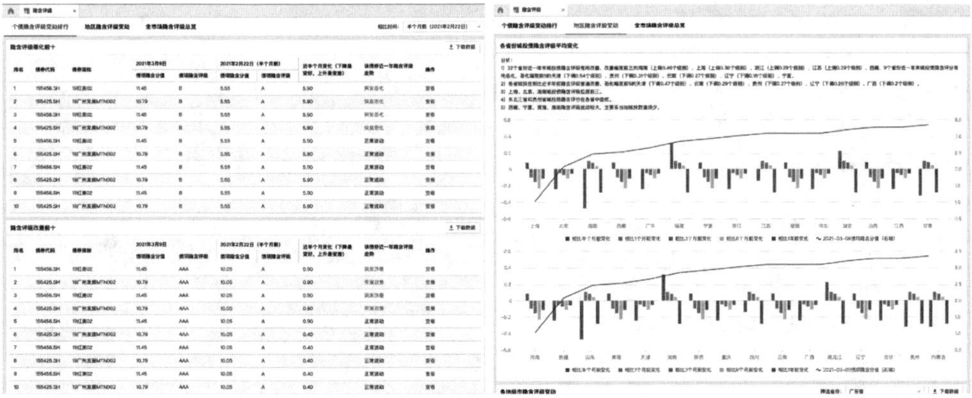

图 11　智能系统隐含评级操作界面

设施。用户运用 BI 研报生产线，即可实现各类研报模板零代码配置并全自动撰写（见图 12）。

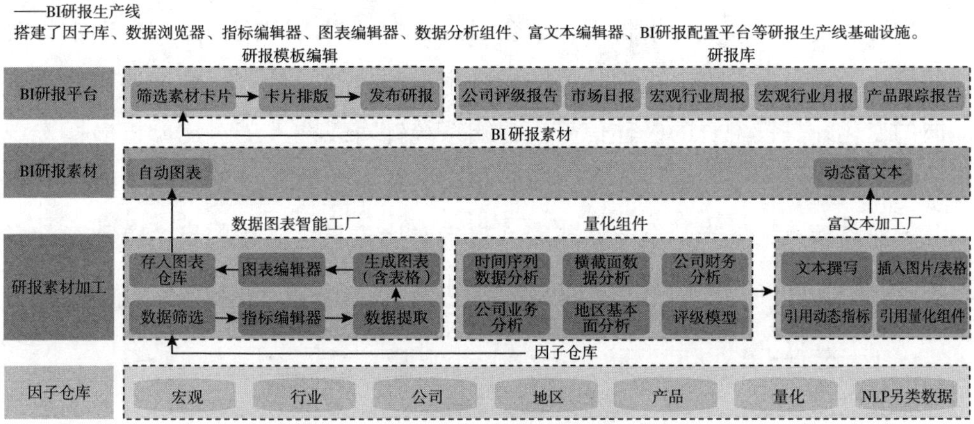

图 12　智能系统 BI 研报生产线框架图

3.3.2.2　信评模型建设平台

在统一因子库的基础上，提供信评模型的开发及管理工具，帮助研究人员更快地开发信评模型，并通过内部评级和隐含评级回测验证模型的有效性。模型发布后将每日对标的主体进行自动评级，个券模型评级若调整，将触发预警信号提示用户（见图 13）。

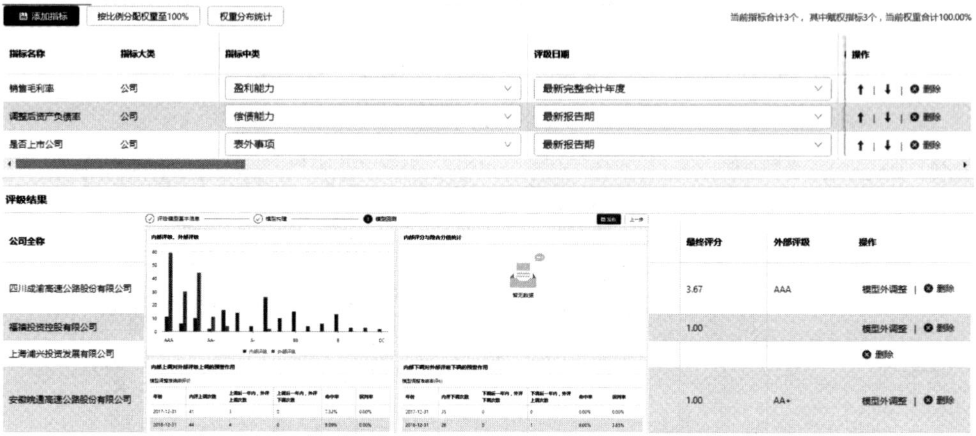

图 13　智能系统信评模型建设平台操作界面

3.3.2.3　宏观报告比对

国务院以及“一行两会”等政府部门和监管机构发布的宏观报告，如政府工作报告、货币政策执行报告等，都会引发社会各界的广泛关注和多期报告对比研究。多期报告在细节用词、关键词频率上的差异，传达了经济形势和政策风向的变化，是投融资的极佳信号。智能系统针对以往人工对比分析多期宏观报告时，阅读速度慢、难以应对百页长报告、遗漏细节、过度依赖互联网专家观点的业务痛点，率先开发一站式宏观报告对比工具，支持用户半主动查看多期报告的句子匹配、用词差异，公告第一时间一网打尽所有差异点（见图 14）。

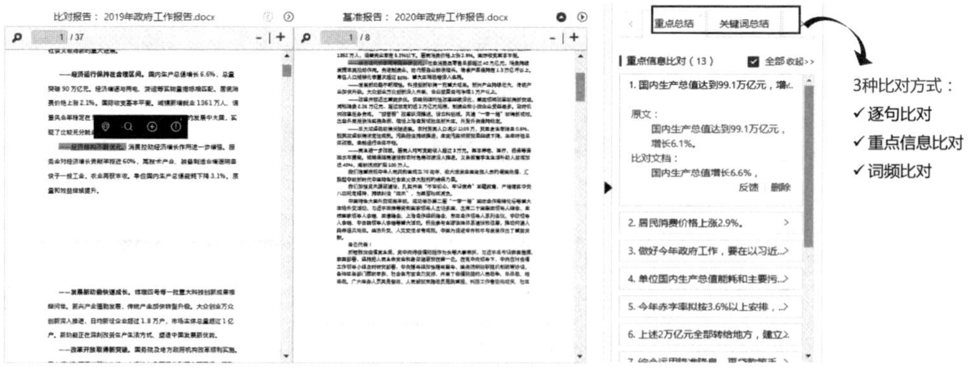

图 14　智能系统宏观报告比对界面

3.3.2.4　智能图谱

智能系统建立了跨宏观、行业、公司、事件、人物领域的超过1000万量级综合图谱。完成19.25亿条记录分析，梳理出超过900万个企业实体和230万条企业关系，整合并可视化展示全盘数据，构成了整个系统在数据和功能上的生命线。图谱延展路径高度契合研究逻辑并启发研究思考，且其路径分析功能支持发现实体间潜在、间接联系（见图15）。

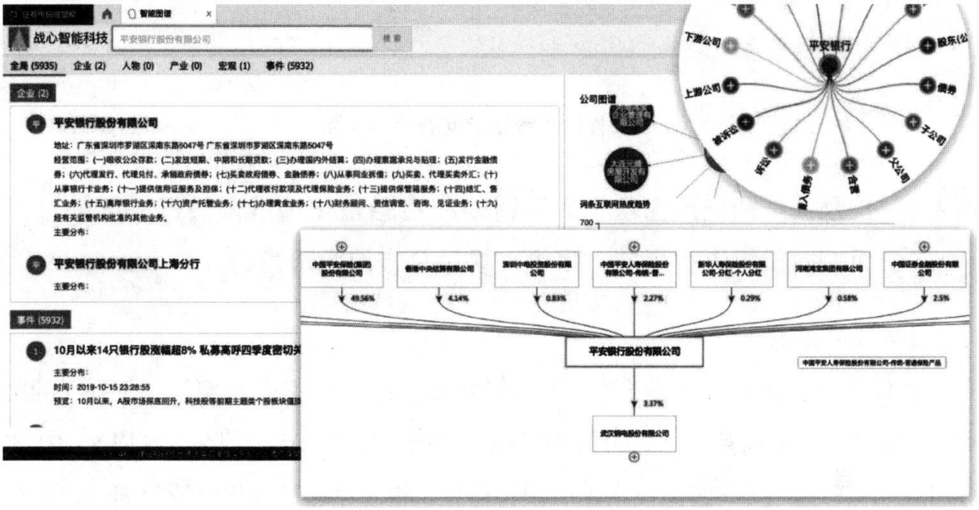

图15　智能系统智能图谱界面

3.3.2.5　智能问答

智能系统与监管机构联合研发，梳理市场运行监测知识体系，再通过数据整合和知识库构建将知识体系落地，最后建设基于知识库来检索和推理的智能问答机器人，实现知识体系的系统化传承（见图16）。该问答机器人可回答“市场估值水平怎么样”“资金面如何”“今天大盘为什么涨”“今天大盘为什么跌”等金融领域的复杂问题，以人机问答的亲切形式智能回答用户的复杂需求。

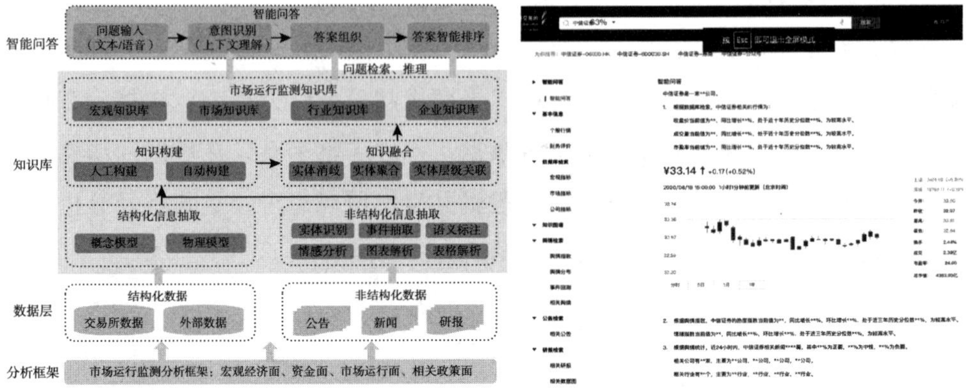

图 16　智能系统智能问答结构展示图

3.4　风控预警：智能预警基于人工智能和金融量化精准预警标的风险，投资风控对投资进行事前、事中、事后全方位风险管理

3.4.1　智能预警

智能系统建立了“宏观预警＋行业预警＋政策预警＋公司预警”四管齐下的舆情预警体系。实时监控超过2000家财经网站和所有发债上市公司公告，以及300多家社交媒体，运用人工智能技术提取预警信息，将海量非结构化舆情数据转化为结构化的预警标签。再运用金融量化模型针对预警标签编制情绪指数、热度指数，并结合公司财务指标、行业基本面指标编制风险分数，定量监控宏观、行业、公司实体的风险变化，并与持仓挂钩，精准预警持仓风险。整套预警流程全自动化无人工干预，帮助公司建立甄别风险、防范风险、跟踪风险、风险计量的智能预警体系。

行业预警以行业为分析主体，实现对行业舆情的标签化提取，支持行业主体识别、13类行业舆情事件提取及对应的情感分析，进一步通过行业舆情量化指数编制（情感指数、热度指数、综合风险分数等），实现对行业主体的热度及风险变化趋势跟踪。最终通过行业风险洞察页面综合展示所分析行业的事件日历、风险分数、情感指数、资讯热度、舆情评价、指标评价及该行业的全部资讯。跟踪各个行业的景气度变化，辅助研究员及投资经理在行业层面的风险洞察和资产配置（见图17）。

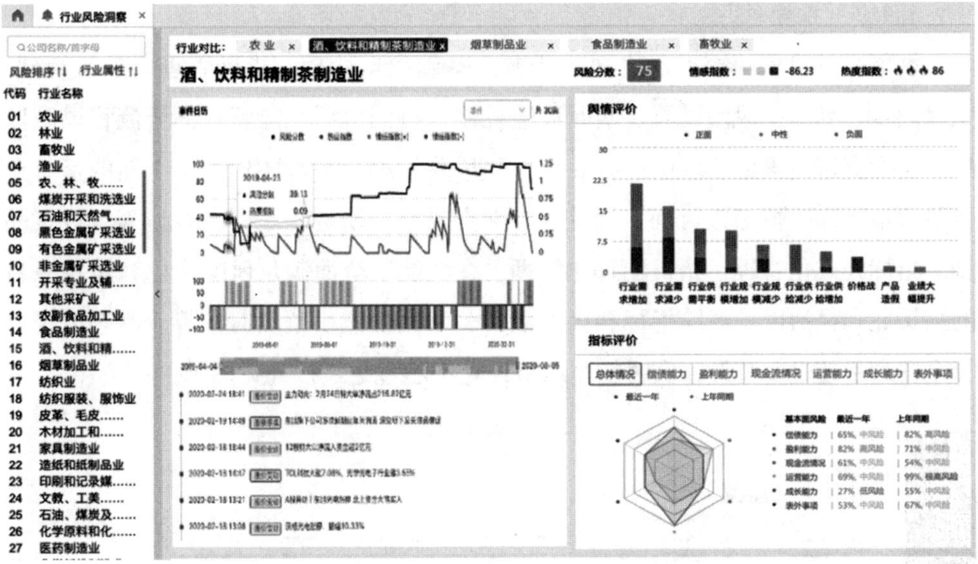

图 17　智能系统智能预警——行业预警

政策预警方面，通过建设通用宏观政策信息抽取机制，实现对海量国家和地区政策舆情信息的抽取，抽取数据结构为“政策名称，政策发布单位，政策发布时间，政策相关地区，政策相关行业事件情感”五元组。并通过政策预警页面展示所提取的政策综合信息，包括政策发布机构、发布时间、发布单位、实施区域、热度、情感倾向，以及其他相关信息（见图 18）。进一步地，通过归一化对齐、聚类等技术，将同一政策的不同称谓进行归一化处理，辅助实现对市场政策的挖掘、发现和预警。

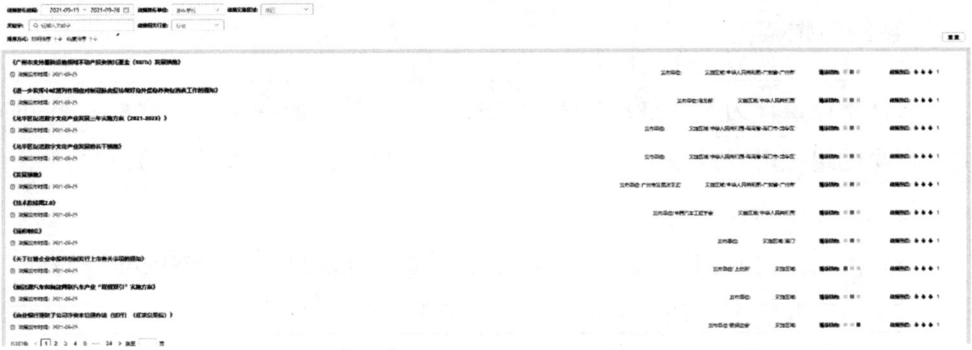

图 18　智能系统智能预警——政策预警

3.4.2 投资风控

智能系统投资风控平台建立了从事前基础数据管理、指标管理、条目管理、条目同步，到事中风险试算、实时风险控制，再到事后风险管理的全流程风险监控，对投资进行事前、事中、事后全方位风险管理。平台还建立了全面的资管业务风险指标库，覆盖银行间、场外、沪深交易所、期货、非标、产品等全投资品种。指标公式化管理、条目配置化管理，在功能上全面满足风险指标和风控条目的高扩展和灵活度。风险指标和风控条目基于高性能引擎实时计算，静态风控计算全资产不超过2分钟，实时指令风险计算不超过9毫秒（见图19）。

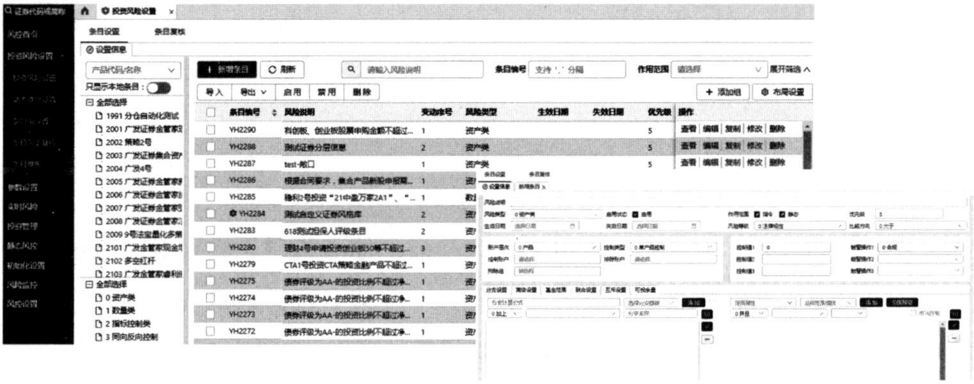

图19 智能系统投资风控中心——风控条目配置

4 技术方案

4.1 系统逻辑架构

智能系统设计为三个层次的系统架构（接入层、服务层、数据层），同时各个层次的组件可以根据用户要求灵活配置、部署和扩容（见图20）。

三层体系包括：

（1）接入层：负责用户请求的接入，提供最基本的安全保障和请求的灵活分发；

（2）应用层：具体的业务逻辑处理和请求返回；

（3）数据层：负责管理和对接数据库，负责cache数据管理和同步。

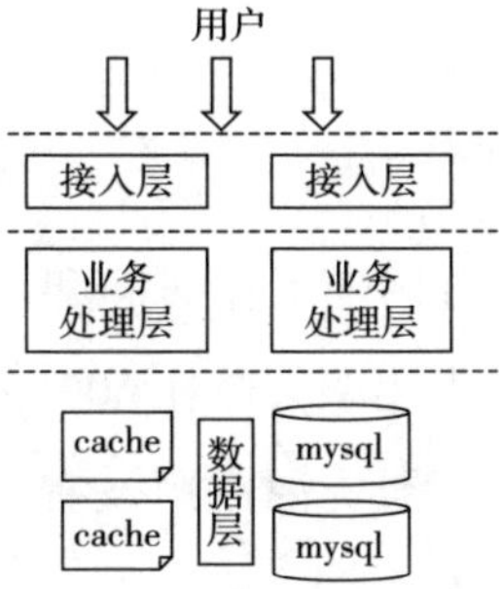

图 20　智能系统逻辑架构

4.2　系统物理架构

智能系统基于广发证券现有的 Spark 大数据生态圈，运用 TensorFlow 等成熟 AI 框架和自研 k8s 微服务应用平台，构建面向多用户、富终端的智能化投研平台。核心技术栈如图 21 所示。

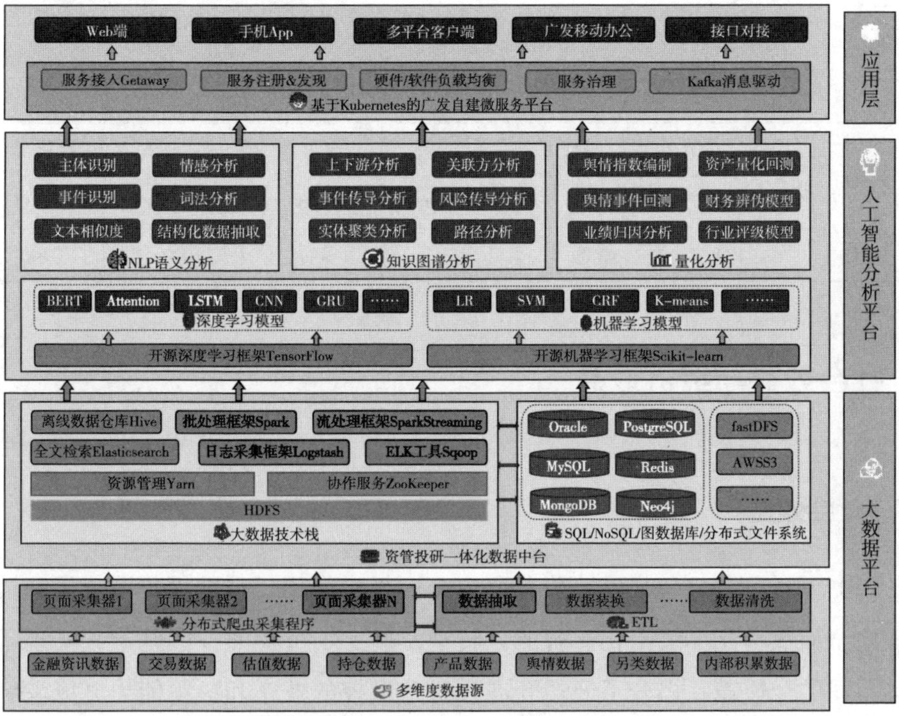

图 21　智能系统核心技术栈

4.3 系统性能

4.3.1 主机性能分析

数据库服务器。系统资源占用随工作时间和调度任务呈规律性变化，忙时主要分布在00：00－05：00，占用率大体在60%～80%之间。对比各阶段上线后的资源占用情况，数据库服务器资源占用没有发生明显变化，因此，当前配置能满足全国网点上线后的业务需求。

应用服务器。两台应用服务器部署采用主备负数方式，即一主一备，平时请求主要通过主机进行处理，备机用于应急。

服务器的资源占用时段主要集中在8:00～17:00，CPU占用率在40%以下，峰值时（15:00）可达80%。

4.3.2 在线用户统计

根据业务统计，主要日常界面操作的响应速度平均每个步骤在0.05秒（见表1）。

表1 在线用户统计

指标	2021.01.01～2021.02.01 平均			2021.07.01～2021.08.01 峰值		
	10:00	14:00	16:00	10:00	14:00	16:00
在线用户	134	138	139	144	143	146

5 社会效益与经济效益

5.1 社会效益

（1）目前智能系统已在广发集团内全面推广使用，帮助了集团投研和风控工作向全面数字化、线上化、智能化转型，奠定了重要的技术基础，实现了对资本市场的全覆盖，提升了公司开展投研和风控的效率和决策能力，成果经验向行业内其他机构推广。

（2）智能系统建立了“专业投研＋科技增值服务”模式，为战略客户输出专业研究服务、投资监控服务、投研工具，创造了新的利润增长点，也引领了金融机构全新业务生态，尤其为公募化转型提供了新赛道、新蓝海，更帮助提升行业内中小机构研究能力，降低行业研究门槛，促进了行业合作共赢、共谋发展。

（3）智能系统构建了另类数据共享平台，打通了另类数据从获取到使用的上下游，形成共享模式提升行业另类数据水平，解决了行业研究数据的搜集及获取问题，提高了整体投资研究效率。

5.2 经济效益

（1）通过智能系统，打造针对中国资本市场的一体化智能风险监控系统，优化了风险管理流程，实现信息获取、实时监控、智能分析、风险预警、报告生成、风险决策的一站式解决方案，支持了资管固收、权益、资产配置、量化、风控等各业务条线流程自动化、管理集中化和工作协同化，加倍提升投研效率和风险监控效率，大幅度降低了公司踩雷的概率，提升了整体投资回报。

（2）通过智能系统的平台优势，以“专业投研＋科技增值服务”作为突破口，目前对金融行业内100余家机构输出智能系统平台化服务，树立了公司研究和科技品牌，为公司再添新的利润增长点，助力公司规模近一年增长逾500亿元。巩固公司客户黏性的同时，对公司科技能力和服务能力形成正反馈。

（3）智能系统构建了另类数据共享平台，通过平台实现了数字资产变现，目前已经输出给多家银行客户使用。

6 课题小结

本课题主要介绍了智能系统，其拥有完全知识产权且已申请国家专利，基于资管业务场景落地的智能化投研平台，实现了信息获取、信用研究、投资决策、交易测算、组合管理、风险预警的一体化解决方案，支持了资管固收、权益、资产配置、量化、风控等各业务条线流程自动化、管理集中化和工作协同化，助力资管全面数字化转型。

集团层面，智能系统：在投资管理方面，建立了产品交易指令、流动性管理、穿透分析到业绩归因的一体化投资交易管理平台；在资产配置方面，为金融机构大类资产配置提供实用、便捷的量化回测通道；在智慧研究方面，落地、升级并传承资管投研业务体系，BI 研报、人工智能赋能研究决策；在风控预警方面，智能预警基于人工智能和金融量化精准预警标的风险，投资风控对投资进行事前、事中、事后全方位风险管理。

行业层面，智能系统现已推广至广发集团的 100 余家重点金融机构客户，提供全面的“专业投研 + 科技增值”服务，巩固了客户黏性，提升了管理规模和管理费收入，为公司再添新的利润增长点，近一年助力公司规模增长逾 500 亿元。更引领国内金融机构全新业务生态，尤其为券商资管行业公募化转型提供了新赛道、新蓝海。

轻量级威胁建模在证券行业的研究与应用实践*

摘要： 软件系统面临着各种各样的威胁，而且威胁数量随着技术的变化而增加，威胁可能来自组织外部或内部，它们可能会造成破坏性后果。可以使用威胁建模方法来结构化识别威胁并构建防御措施。但是传统的威胁建模流程较为烦琐，对行业应用安全从业者要求较高，很难适应业务的敏捷快速迭代开发。因此，本课题基于 DevSecOps 理念和实践，对威胁建模过程进行优化，提出场景化轻量级威胁建模框架，实现自助化、工具化及自动化的攻击面分析及威胁建模，提升威胁建模效率，适应 DevOps 的快速交付节奏。

关键词： 轻量级威胁建模　安全威胁库　安全需求库　自动化赋能平台

1　背景

在软件全生命周期的各个阶段都面临着相应的安全挑战，如不安全的设计、代码安全漏洞、部署环境未加固等。越早发现安全漏洞，修复的成本越低，“安全左移”已经是一种共识。在软件安全开发生命周期 SDL 方法论中，威胁建模是软件开发设计阶段执行的主要安全活动之一。威胁建模通过识别威胁、理解信息系统的安全风险，发现信息系统设计中的安全问题，制定消减措施，并将消减措施落入信息系统设计中。通过威胁建模活动可以在早期阶段发现安全缺陷，理解安全需求，设计和交付更安全的产品，因此具有重要的价值。

---

* 本文由华泰证券股份有限公司江旺、庄飞、雷兵、孙罡、刘国隆、徐鹏骏共同撰写。

传统的威胁建模流程较为烦琐，对行业应用安全从业者提出了非常高的要求，且难以工具化、自动化并适应业务的敏捷快速迭代开发。因此，本课题基于 DevSecOps 理念和实践，对威胁建模过程进行优化，提出场景化轻量级威胁建模框架，可以实现自助化、工具化及自动化的攻击面分析及威胁建模，提升威胁建模效率，适应 DevOps 的快速交付节奏。

2 威胁建模框架

威胁建模是分析应用程序安全性的一种结构化方法，通过识别威胁，定义防御或消极威胁控制措施的一个过程。威胁建模属于微软 SDLC 中核心部分，微软一直是这一过程的强有力倡导者。威胁建模应该在软件开发生命周期的早期进行，因为这样可以及早发现并修复潜在问题，从而防止后续修复成本更高。使用威胁建模来考虑安全需求可以带来主动的架构决策，从一开始就有助于减少威胁。

有多种威胁建模方法，下面介绍主流的威胁建模框架。

2.1 STRIDE

STRIDE 于 1999 年发明并于 2002 年被微软采用，是目前最成熟的威胁建模方法。STRIDE 随着时间的推移不断发展，包括新的特定威胁表和变体 STRIDE - per - Element 和 STRIDE - per - Interaction。

STRIDE 评估系统详细设计。首先对系统建模，通过构建数据流图（DFD），可以识别系统实体、事件和系统边界（见图 1）。准确的 DFD 决定了 STRIDE 的成功程度。

STRIDE 使用一组通用的已知威胁，STRIDE 代表仿冒、篡改、抵赖、信息泄露、拒绝服务和特权提升，该首字母缩略词可用作发现威胁的助记符，如图 2 所示。

STRIDE 方法易于采用，但可能很耗时。STRIDE 的主要问题是，随着系统

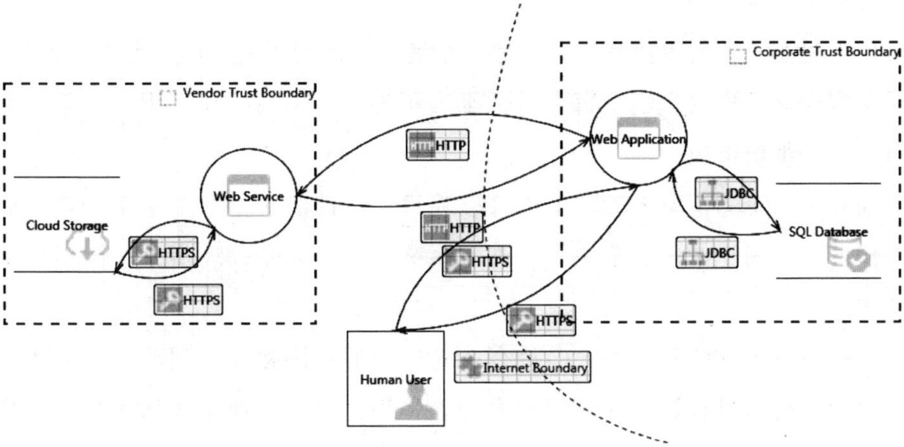

图 1　具有系统边界的数据流图（DFD）

	威胁	定义	安全属性	消减措施
S	仿冒（Spoofing）	冒充他人身份	认证	认证（密码认证、双因素、证书认证）、TLS
T	篡改（Tampering）	恶意修改资料	完整性	MAC、HASH、数字签名、完整性校验
R	抵赖（Repudiation）	否认做过的事情	不可抵赖性	安全审计、监控
I	信息泄露（Information Disclosure）	机密信息泄露	机密性	敏感信息保护、数据加密、访问控制
D	拒绝服务（Denial of Service）	服务被拒绝或降低级	可用性	负载均衡、过滤、缓存
E	特权提升（Elevation of Privilege）	未经授权获得权限	授权	权限最小化、沙箱

图 2　STRIDE 威胁类型

复杂性的增加，威胁的数量会迅速增加。即使微软不再维护 STRIDE，它仍作为微软安全开发生命周期（SDL）的一部分使用威胁建模工具（Threat Modeling Tool）实现，该工具仍然可用。

2.2　攻击树

使用攻击树（Attack Trees）来模拟威胁是最古老和应用最广泛的技术之一，由 Bruce Schneider 于 1999 年开发，最初作为自己的方法应用，此后与其他方法和框架结合使用。

攻击树本质上是以树的形式描述对系统的攻击的图表。树根是攻击的目标，叶子是实现该目标的方法。每个目标都表示为一个单独的树。因此，系统威胁分析产生一组攻击树。

在复杂系统的情况下，攻击树可以为每个组件而不是整个系统构建，构建攻击树后，可用于作出安全决策，查看系统是否容易受到攻击，并评估特定类型的攻击。

攻击树易于理解和采用，但只有在充分理解系统和安全问题时才有用。该方法假设分析师具有较高的网络安全专业知识，因此不提供评估子目标、攻击或风险的指南。

2.3 定量威胁建模方法

这种混合方法由协同应用的攻击树、STRIDE 和 CVSS 方法组成。它是 2016 年 4 月在宾夕法尼亚州匹兹堡举行的 HotSoS 会议上由 Bradley Potteiger、Goncalo Martins 和 Xenofon Koutsoukos 推出的。作者旨在解决网络物理系统威胁建模的一些紧迫问题，这些系统的组件之间具有复杂的相互依赖关系。

定量威胁建模方法（Quantitative TMM）的第一步是为 STRIDE 的五个威胁类别构建组件攻击树。此活动显示了攻击类别和低级组件属性之间的依赖关系，之后，应用 CVSS 方法并计算树中组件的分数。

该方法的另一个目标是为各个组件生成攻击端口。这些攻击端口（实际上是组件攻击树的根节点）说明了可以将风险传递给连接组件的活动。评分有助于执行系统风险评估的过程。如果攻击端口依赖高风险评分的组件根节点，则该攻击端口也有高风险评分，被执行的概率也很高，反之则相反。

其他威胁建模框架还有 PASTA、hTMM、Trike、VAST、OCTAVE、LINDDUN、安全卡（Security Cards）、CVSS、PnG 等，因篇幅有限，此处就不作详细描述了。

3 威胁建模方法

威胁建模是分析应用程序安全性的一种结构化方法，通过识别威胁，定义防御或消极威胁控制措施的一个过程。威胁建模大体过程有六个步骤：

3.1 识别资产

确定必须要保护的有价值的资产，如敏感数据、隐私信息等（见图3）。

- ■ 应用环境
  - ✓ 物理拓扑
  - ✓ 软件部署
- ■ 软件架构
  - ✓ 用户界面层
    - ✧ 输入/输出
    - ✧ 请求/响应
    - ✧ 创建/更新
  - ✓ 业务逻辑层
    - ✧ 参数调用
    - ✧ 业务处理
    - ✧ 应用接口
    - ✧ ……
  - ✓ 数据访问层
    - ✧ 存储过程
    - ✧ 存储配置
    - ✧ ……
- ■ 系统角色
- ■ 系统功能

图3 应用信息

3.2 创建架构概述

目的是更好地理解系统架构，为辨别威胁作准备。具体就是绘制系统架构图，包括标识子系统，信任边界和数据流等（见图4）。

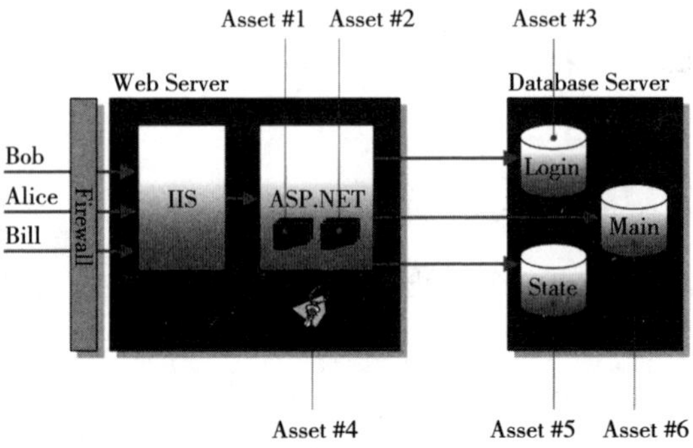

图 4　架构描述

3.3　分解应用程序

根据架构图以及功能需求描述，对系统进行数据流分析，绘制相应的数据流图，识别关键技术，信任边界及系统的入口等（见图 5）。

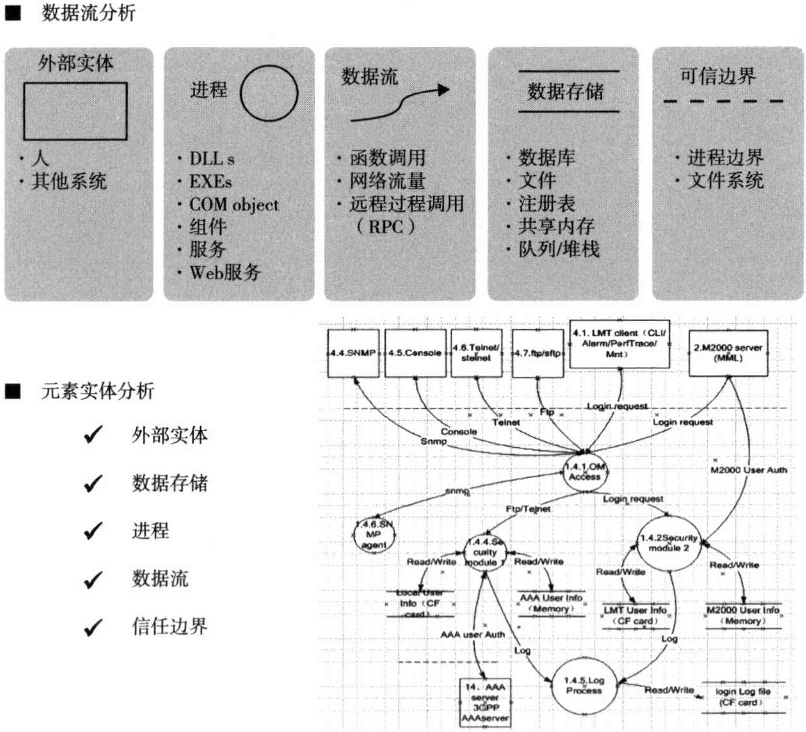

图 5　数据流图

3.4　识别威胁

威胁分析方法有威胁列表、攻击树、STRIDE 方法等，STRIDE 是从攻击者的角度，把威胁划分成六个类别，分别是 Spooling（仿冒）、Tampering（篡改）、Repudiation（抵赖）、Information Disclosure（信息泄露）、Dos（拒绝服务）和 Elevation of privilege（权限提升）。这六个类别与信息安全三要素和信息安全基本的三个属性相关。随着国内外对个人隐私保护重视程度加大，如果业务涉及个人信息，也需要考虑对隐私数据的保护。

STRIDE 威胁建模第一步是绘制数据流图，数据流图由外部实体、处理过程、数据存储、数据流组成。STRIDE 威胁建模的核心就是使用这四类元素绘制数据流图，然后分析每个元素可能面临的上述六类威胁，针对这些威胁制定消减方法。STRIDE 四类元素与六类威胁的对应关系见图 6。

元素	S	T	R	I	D	E
外部实体	✓		✓			
处理过程	✓	✓	✓	✓	✓	✓
数据存储		✓	✓	✓	✓	
数据流		✓		✓	✓	

图 6　STRIDE 元素与威胁关系

3.5　记录威胁

根据识别的威胁分析可以实施的缓解措施并记录下来。

3.6 评估威胁

评估威胁的优先级，需要首先解决最重要的威胁。可以采用 DREAD 风险模型进行威胁风险评级。DREAD 从潜在损害、可重复性、可利用性、受影响用户、可发现性五个方面进行评分。

一旦获得风险等级，就可以更新记录的威胁并添加发现的等级。威胁建模过程的输出包括应用程序体系结构的安全方面的文档以及威胁的列表，最终输出安全设计方案，项目团队基于安全设计方案进行系统功能设计和开发，减轻攻击风险。

4 轻量级威胁建模方法

从上面威胁建模过程可以看出，流程烦琐，且对于人工投入要求较高，很难适应业务的敏捷快速迭代开发模式，在实际研发过程中很难落地。因此在实际使用中，我们对威胁建模过程进行了优化，将安全需求分析和架构设计过程结合，提出了基于场景化的轻量级威胁建模方法（见图 7），主要步骤如下。

图 7 轻量级威胁建模流程

（1）问卷调研。目的是了解系统的关键信息，为后面的攻击面分析及威胁建模作准备。调研问卷主要包括系统架构、使用场景、重要数据、部署方式等。其中系统架构关注系统架构图、技术实现方案等，使用场景关注用户场景、用户群体、角色、访问方式等，数据关注是否有敏感数据，而部署关注部署架构及物理资产。

（2）攻击面分析及业务场景识别。根据调研情况，进行攻击面分析，识别对应的业务场景。

（3）威胁识别。基于业务场景与安全威胁库进行匹配，识别出系统面临的威胁点。

（4）安全设计方案。根据威胁分析结果，匹配安全需求标准库，输出进行威胁缓释需要实施的安全需求基线，制订最终的安全设计方案。

下面介绍轻量级威胁建模涉及的技术点。

4.1 证券行业业务通用场景库

随着互联网和金融科技的发展，科技产业和证券产业逐渐融合，现在的证券应用越来越多地采用互联网技术和信息通信技术开展各种服务。在上述背景下，需要各种应用系统和软件来实现相关业务功能，广泛应用于证券行业的各大细分领域。

根据金融应用软件的部分共性特征和证券业应用部分独有特征，总结相关的应用场景。根据用户区分为对客场景和自有员工场景，对客场景又划分为业务场景、应用场景和部署场景，自有员工场景划分为办公场景和业务系统场景。

4.1.1 对客业务场景

该场景如图 8 所示。

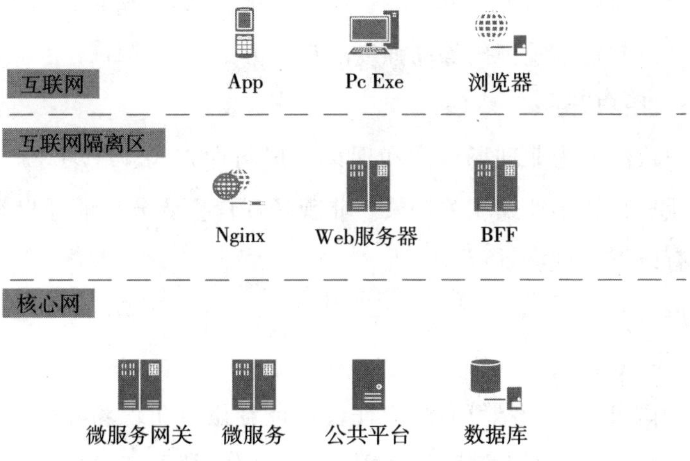

图 8 对客业务场景

对客的业务场景主要由客户端、通信网络和服务器组成，客户端一般分为移动 App、PC Exe 和浏览器，用户通过互联网与服务器进行交互，实现注册、登录、交易等下述功能场景。

4.1.1.1　用户注册

新用户在使用系统前需要进行注册，应该支持多种方式的注册途径，如手机号注册、用户名密码注册，用户注册时需要对其密码复杂度进行检查并在《用户注册条款》中告知用户妥善保管密码，避免使用生日等个人有关信息作为密码等。

4.1.1.2　用户登录

用户登录可根据用户需求自行选择，需要支持多种登录场景。

（1）用户名密码登录。

（2）手机号 + 短信验证码登录。

（3）OAuth 登录。

（4）运行商一键登录。

（5）指纹登录。

（6）面部识别登录。

关于第一次登录应该增加认证强度，推荐使用手机号 + 验证码登录，认证通过之后可以将当前设备认定为一个可信设备，后续登录可以适当使用指纹或人脸等简化登录流程。但如果其他设备进行登录、token 超时等事件发生后，该设备应该重新发起短信验证码等高强度的认证方式。

4.1.1.3　用户开户

用户开户目前分为非现场开户和现场开户两种方式，现场开户是在柜台直接办理开户业务，暂不涉及相关场景。非现场开户主要分见证开户和网上开户，网上开户又有以下几种场景：

（1）App 开户。

（2）H5 网页开户。

根据《中国证券登记结算有限责任公司证券账户非现场开户实施细则》规定，开户代理机构通过网上视频见证方式（双向视频见证或单向视频见证）验证投资者的身份真实性及开户意愿真实性后，为投资者办理证券账户开立手续。

4.1.1.4 用户交易

交易的用户分为散户、机构等，交易内容有股票、期权、资金划转、其他支付等。

证券公司信息系统原则上都应该做等级保护与备案工作，涉及交易的应用，交易用户数划分：超过 50 万人以上应定级为三级系统，不超过的应定级为二级系统，需要按照对应的等保标准来实现。

4.1.1.5 营销活动

为了开拓市场，扩大影响力，开拓并巩固营销渠道，发展客户，增加客户总量，业务部门会开展很多的营销活动，如赠送优惠券、交易折扣、注册有礼、排行榜、新人活动、老带新等，要控制相关的活动逻辑，提防业务风险。

4.1.1.6 客服系统

客服系统包括在线客服沟通留痕系统、呼叫中心、智能客服系统等。在线客服沟通留痕系统主要是通过使用 App 或者网页和客户进行人工交流。呼叫中心是指客户部分常见问题的应答实现由机器“自动话务员”来应答和处理，以电话接入为主的呼叫响应中心，为客户提供各种电话响应服务。智能客服是指智能客服机器人通过融合客户画像数据信息，个性化地推荐产品或出示专业的咨询服务。会依据客户的提出问题全自动配对知识库系统，快速响应顾客。

4.1.1.7 其他

其他还有一些功能场景，如资讯、行情查看、持仓收益查询、投资理财等。

4.1.2 自有员工业务场景

自有员工业务场景包括 OA 办公系统（如邮件、会议预订、HR、流程审批等）、移动办公、业务工作平台（业务人员通过业务终端访问，如 CRM、业务运营平台等）、IT 管理后台（如官网管理后台、AD 等集权类系统等）等。

4.2 基于证券行业场景的安全威胁库

近几年证券行业持续面临越发严峻的网络威胁形势，随着证券行业数字化转型，新技术与业务快速融合，证券行业所面临的网络威胁不断增多，数据泄露、系统入侵、业务欺诈、钓鱼攻击、撞库、DDoS 攻击等网络安全问题层出不穷。根据调查，Web 安全漏洞依旧是最主流的漏洞类型，证券行业漏洞主要有敏感信息泄露、未授权访问、SQL 注入、越权、XSS、逻辑漏洞、弱口令等。

4.2.1 证券行业 COS 安全威胁分析方法

通过多年对证券行业相关系统安全威胁分析实践和优化，本文提出了一种基于客户（Client）—运营（Operation）—系统本身（System）的安全威胁分析方法，简称“COS 安全威胁分析方法”。“COS 安全威胁分析方法”的原理来自“威胁不止来自系统本身的脆弱性，更来源于人”，该分析方法结合证券行业业务的特殊性，强调从客户—运营（包含运营人员）—系统本身三大视角来看待安全威胁。

证券行业相关系统的核心交互方可以概括为：客户（普通客户与机构客户）使用相关系统达成自己的财务目标，运营人员使用相关系统对产品和策略进行运营并与客户沟通、相关系统负责处理客户与运营人员的相关信息并反馈结果（见图 9）。

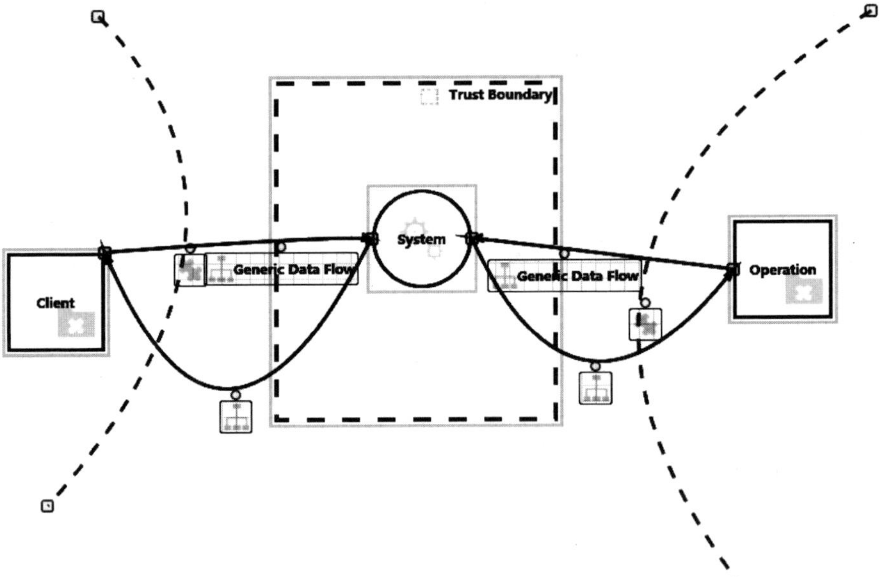

图 9 证券行业相关系统的核心交互方

然而，业务交互的地方便是威胁发生的地方。如图10所示，恶意客户（黑客）以“外部人员”身份从外围发起攻击，恶意运营人员以“内部人员”身份从内部发起攻击。恶意客户和恶意运营人员通过利用系统安全设计缺陷以及代码缺陷谋取自己的利益。通常人们倾向于恶意攻击主要来自“外部人员”，但是调查研究表明重大的数据泄露和安全事件更多的来自“内部人员”。

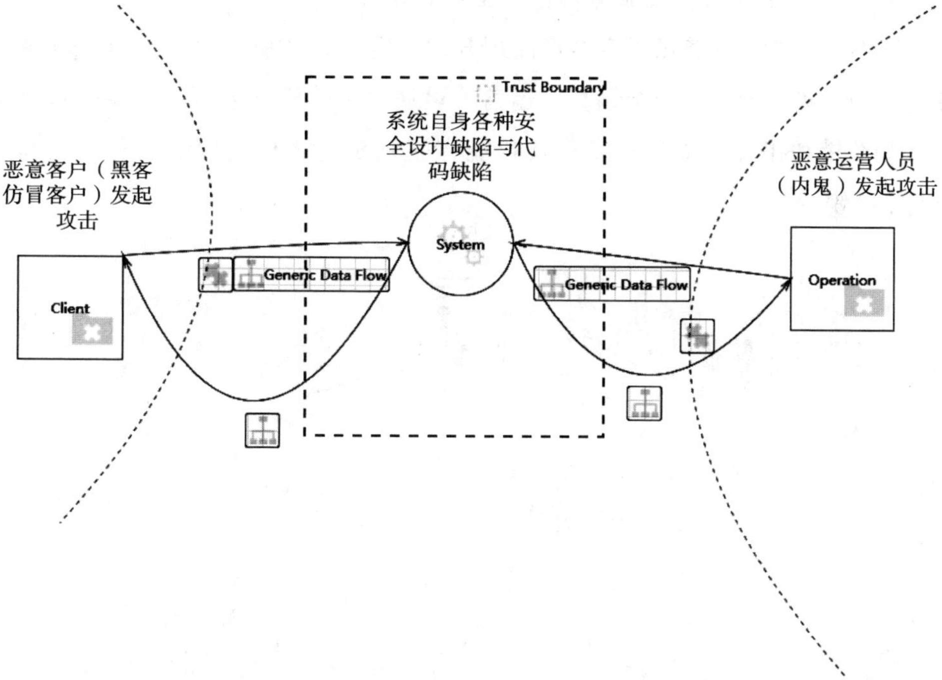

图10　证券行业相关系统的核心交互方威胁视图

“COS安全威胁分析方法”将“外部人员”威胁与“内部人员”威胁放在同等的位置，注重从“外部人员C”与“内部人员O”的非法利益层面出发来看待威胁，再结合系统本身层面可能的漏洞，对威胁进行联合评估，并要求从系统层面对“外部人员”威胁与“内部人员”威胁进行严格的审视。

“COS安全威胁分析方法”的主要步骤为：

（1）通过划分与系统进行交互的客户和运营人员范围及种类识别潜在的攻击来源；

（2）通过客户与运营人员与系统的交互方式明确系统的安全边界；

（3）根据攻击来源和安全边界得到相关潜在攻击策略和手段。

明确客户—运营（包含运营人员）—系统本身这三大要素和视角后，安全工程师可以非常方便地与架构师及相关开发人员进行沟通，设计对应的安全需求（功能）和缓解措施。

4.2.2 证券行业典型业务场景安全威胁分析

证券行业典型业务场景有客户使用开户系统进行注册开户、使用 App 客户端进行相关买卖交易、资金结算，运营人员通过运营管理平台进行相关管理操作（如营销和相关产品上下架）及智能客服系统与客户进行线上联动交互等（见图 11）。

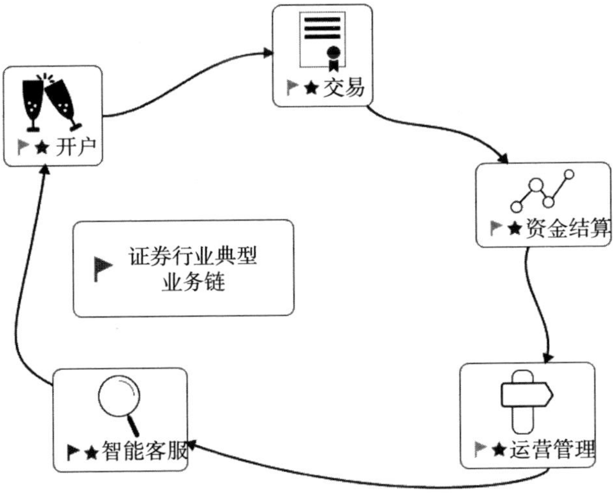

图 11 证券行业典型业务链

接下来，通过“COS 安全威胁分析方法”选取部分典型业务场景进行安全威胁分析。

4.2.2.1 证券开户业务安全威胁分析

证券开户业务涉及账号注册、身份认证、资料上传、视频认证、密码找回等多个环节，根据“COS 安全威胁分析方法”，识别的安全威胁如图 12 所示。

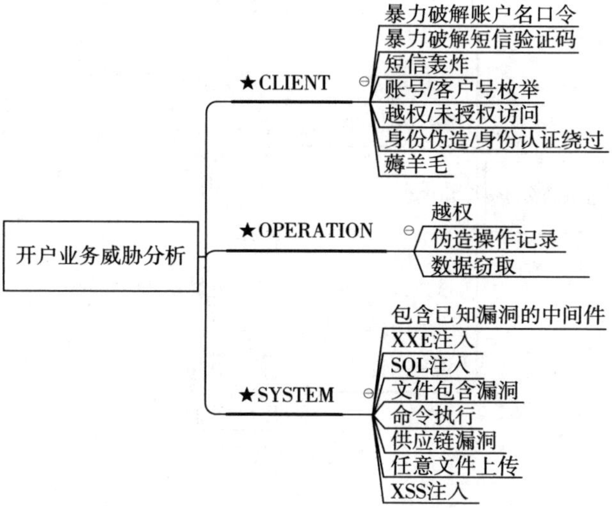

图 12　证券开户业务威胁分析

4.2.2.2　运营管理平台安全威胁分析

证券公司很多产品均来自外购而非自研，不同产品的运营平台框架和结构不一样，面临着供应链相关漏洞的风险，根据数据统计，运营平台对内部员工权限分离通常做得并不彻底，某些关键操作没有进行多人审批，并且对操作记录未作留痕审计，容易出现“内鬼捣乱，找不到鬼”的现象，且攻击者可以通过运营人员经常访问的网站注入相关恶意脚本和信息，进行钓鱼，获取运营管理平台的口令和高级权限。运营管理平台所面临的安全威胁具体如图 13 所示。

4.2.3　证券行业 COS 安全威胁库

证券行业因其特殊的“金融属性”，客户和运营人员更容易遭受黑客攻击，客户和运营人员也更容易“监守自盗”，本文结合证券行业攻击特征，通过“COS 安全威胁分析方法”总结了一套“COS 安全威胁库”，该威胁库将证券行业多个系统所面临的威胁进行总结，将威胁分为三个领域 Client、Operation、System。Client 和 Operation 从客户和运营（运营人员）角度侧重描述业务利益相关的威胁，System 侧重从系统本身的设计和编码角度描述相关的安全威胁。

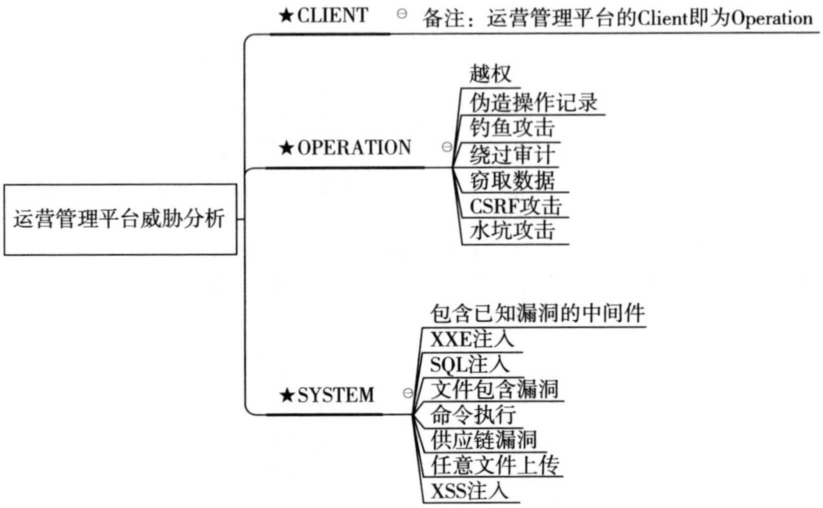

图 13　运营管理平台威胁分析

证券行业 COS 安全威胁库示例如图 14 所示。

4.3　证券行业安全需求库

确定了业务场景及面临的安全威胁，则需要进行风险缓释，提供相应的安全需求及安全解决方案，在系统建设过程中通过设计保证安全（Secure By Design）。通过构建证券行业安全需求库，实现安全威胁库中的风险都有对应的安全需求及针对性解决方案。

证券行业信息系统建设主要特征有：内部开发与外部购置并存，对于外部购置的信息系统，很难有效控制交付产品或服务的内在安全质量；内部开发团队众多，但并没有将基础的安全功能（包括用户管理、认证、权限等）进行剥离和专业化定制，因此，各个开发团队对安全需求的不同理解和实现，将直接影响到最终系统的安全质量；信息系统的开发过程和进度主要围绕业务功能和上线目标展开，质量等软性要求的关注度并不够，对于安全质量的内在重视程度欠缺；证券公司 IT 人员中，专业信息安全人员比例不足，面对每年众多的新建、改建项目，无法一一跟踪具体的安全建设过程；法律、法规，行业监管相关的管理办法、技术标准、检查底稿众多，层出不穷，细粒度不均，有些甚至

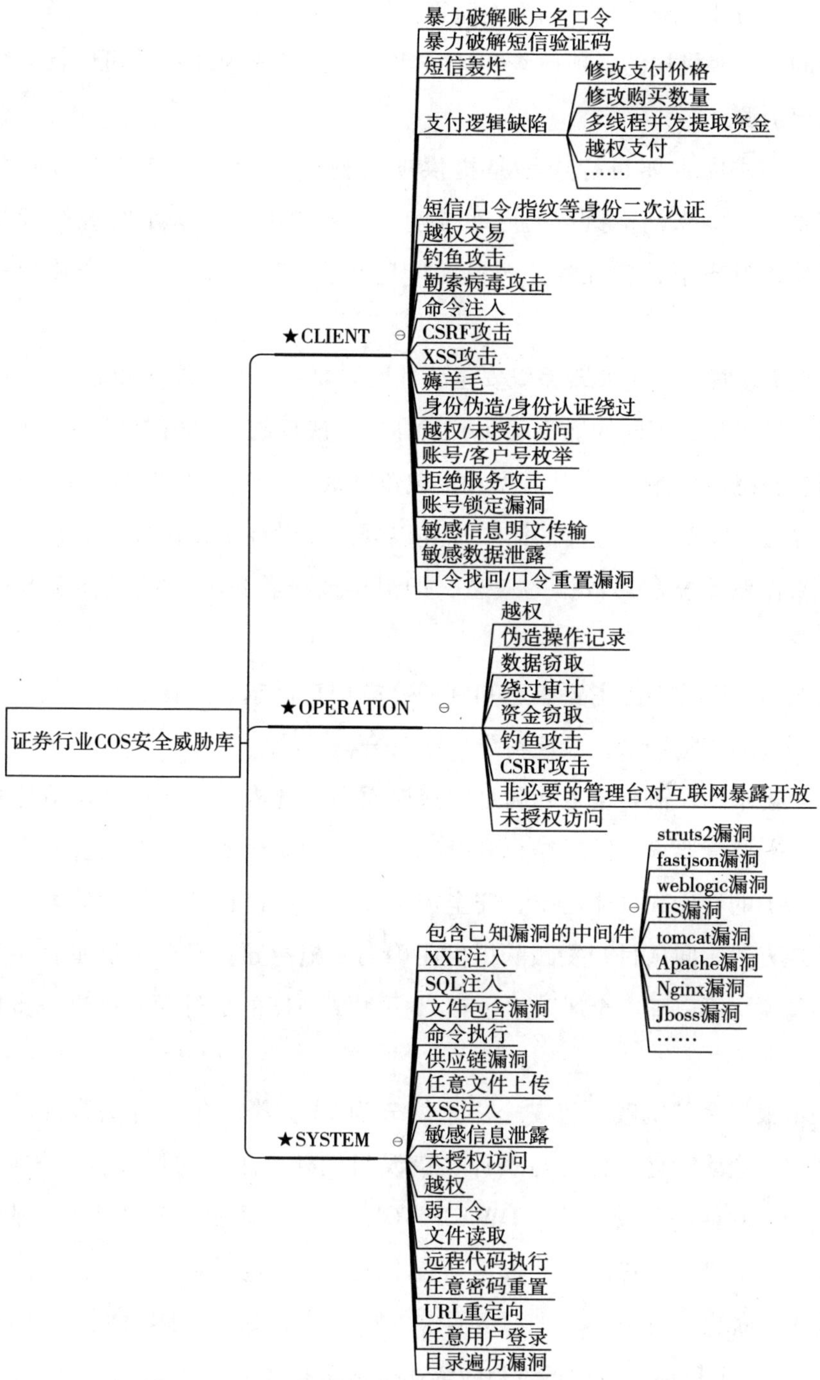

图 14　证券行业 COS 安全威胁库

相互冲突，另外，证券公司面临的监管机构众多，国家的、地方的、行业内的、行业外的，这些机构的各项检查和通报实质上已经成为证券公司信息系统风险的主要评价源。

安全需求库主要目标应该是提供项目初始阶段，安全考虑的依据和范围，降低安全需求活动执行的启动难度，提高效率；在满足合规监管和公认的最佳实践基础上，各证券公司根据自身特点，进一步补充安全政策和自身实践。

安全需求描述了为实现系统安全属性所需要满足的功能性和非功能性要求。安全需求可以具有不同的抽象层次，最高层一般反映的是安全目标，如“系统应对所有敏感数据保密”，从开发和实现角度来看，对于系统架构师或开发团队而言，往往还需要更加具体的需求描述以规定要做什么，做成什么样，甚至怎么做，来保障系统及其数据的安全，即提供或推荐进一步的最佳实践或解决方案。

安全需求库的来源主要有感知到的终端用户需求、法律法规、监管、按优先级排序过的风险场景、最佳实践与标准等。

安全需求库，需要覆盖并满足国家层面和监管机构对证券公司信息系统的合法合规、监管要求，同时结合安全行业公认的安全实践，以及公司自身对信息资产保护的目标和具体需求，安全需求库同时应该包括有推荐的解决方案或最佳实现方法，向项目开发团队提供明确的实施指导。安全需求库以一定的方式分层构建，可以随安全风险水平和 IT 开发成熟度的提升而支持进一步扩展和更新。

华泰根据多年实践，将安全需求划分为 14 大类，包括合法合规、用户管理、授权、会话管理、日志与审计、错误与例外处理、通信安全、数据安全、结构安全、软件与组件安全、OWASP TOP 10 风险防范、其他常见风险防范、移动安全、监管安全需求，并根据新技术发展持续进行补充。大类中的每一条安全需求，都会有细分类、来源、需求内容（基本要求、推荐做法、注意事项、正反例）、安全目标、适用条件以及需求来源等描述（见图 15）。

安全技术需求 数据安全 采用安全的密码系统和算法	**【基本要求】** 对于非公开信息，可以考虑采用加密算法（对称加密和非对称加密算法），以及单向离散算法（HASH）进行保护。这两类算法是密码系统（如TLS）的组成基础。原理上，只要算法本身安全，且密钥长度足够且有足够的随机性以及有限的使用时间（或次数），则在使用中是就是计算上安全的（攻击者只能通过对密钥空间的遍历，而无法在有效时间内，攻破算法或得到密钥）。这种计算上的安全性，是我们基本要求。 使用中，基本原则是使用符合国家法律法规的、符合行业要求的，商业密码算法、技术和产品。 应使用公开的、没有已知漏洞的密码系统和算法（包括推荐的运算模式），初始化向量、密钥（私钥）按安全的方法生成，并对私钥和/或密钥进行妥善保管。 对于用户（或客户）的身份凭据（密码、密钥、会话凭据）以及生物数据（包括人脸特征数据、指纹特征数据等），如果需要落地，则必须加密存放。 **【推荐】** **(1) 对称加密** 当前没有已知安全问题的算法和模式是：AES/GCM/Nopadding; 密钥长度至少128位（32个0-F, Hex编码）；推荐使用256位密钥。注意： 每一次加密运算前，必须重新生成一个唯一的初始化向量IV，一般采用96位的IV，由SecureRandom生成； 实现参见《SKB-对称加密与AES 256 GCM Nopadding算法》 **(2) 非对称** RSA，密钥至少2048位以上；或ECDSA，密钥256位及以上； **(3) Hash** SHA256 及以上； **【禁止】** (1) DES，3DES 等已经淘汰，禁用； (2) MD2，MD4，MD5，SHA1等已经淘汰，禁用。 (3) 禁止自行研制密码算法、技术和产品。 **【注意】** 所谓的Base64，不是加密，只是一种可逆的编码技术，一般用于互联网上的二进制字节的传输前的编码工作。

图 15　安全需求示例

5　轻量级威胁建模赋能平台实践

为了提高效率，华泰自主研发了轻量级威胁建模赋能平台，进行自动化轻量级威胁建模。轻量级威胁建模赋能平台旨在帮助项目经理了解并实施从项目规划开发到上线运行各个阶段的安全及合规需求。项目经理通过自助输入用户业务场景、架构部署方式及关键技术选型等信息，平台自动化生成所需要完成的安全及合规需求，并提供对应的安全解决方案。

平台功能包括自定义业务场景问卷（见图 16）、安全需求库管理（见图 17）、

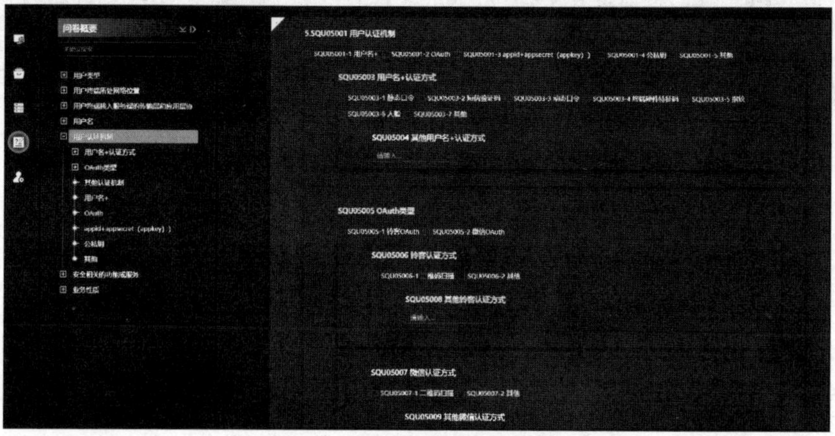

图 16　自定义业务场景问卷

图 17　安全需求库管理

基于业务场景威胁分析、自动化匹配安全需求基线、最佳实践及安全需求闭环跟踪（见图 18）等。

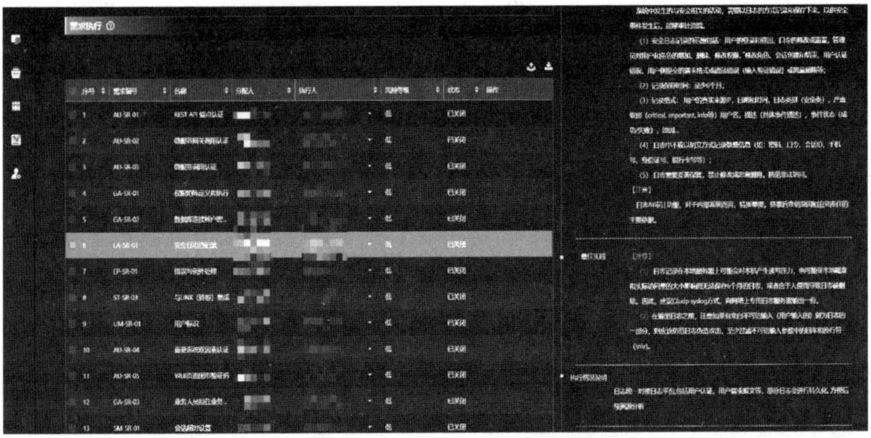

图 18　安全需求闭环跟踪

6　总结

华泰证券采用本课题的轻量级威胁建模方法，在日常项目建设过程中，对数百个应用系统进行了安全需求分析及设计，安全缺陷在软件开发早期阶段被发现并解决，实现了安全左移，极大地降低了漏洞修复成本。同时，自主研发了轻量级威胁建模平台，实现自助化及自动化的威胁建模，降低了人力投入，提升了威胁建模效率。

行业机构可以参考本课题提出的轻量级威胁建模方法论及实践，逐步进行自身轻量级威胁建模实践，大幅降低学习和应用成本，提升行业整体的软件安全成熟度水平。

参考文献

[1] Nataliya Shevchenko, Timothy A. Chick, Paige O'Riordan, Thomas Patrick Scanlon, PhD, & Carol Woody, PhD. THREAT MODELING: A SUMMARY OF A-VAILABLE METHODS [D]. Pittsburgh: Carnegie Mellon University, 2018.

[2] Microsoft Corporation. Microsoft Security Development Lifecycle (SDL) – Process Guidance [EB/OL]. [2012-05-22]. https://msdn.microsoft.com/en-us/library/windows/desktop/84aed186-1d75-4366-8e61-8d258746bopq.aspx.

[3] OSA. IT Security Requirements [EB/OL]. http://www.opensecurityachitecture.org, 2017.

证券公司数字化转型实践与研究*

摘要：随着金融科技的发展，数字化转型已是证券行业变革的大势所趋；实现动力变革、效率变革、质量变革，成为我国证券行业高质量发展的必由之路。面对数字技术带来新的机遇和挑战，如何解决证券行业数字化转型痛点，加快公司数字化转型进程，成为摆在证券公司面前的重大课题。但是，证券业如何有效实现数字化转型，目前暂未有统一的共识方案。因此，本文对国信证券的数字化转型实践进行阶段总结，同时深入研究分析证券行业数字化特点与现状，结合未来发展趋势，设计了证券公司数字化转型能力体系，并提出实施建议。

关键词：战略规划　数字化人才　创新　运营考核　信息安全

1　方兴未艾，证券公司加快数字化转型步伐

数字化转型是指以数据为核心，充分运用新一代的数字化技术，对管理模式、业务模式、商业模式进行创新和重塑，进而实现企业成功转型。

作为证券市场的重要参与主体，证券公司数字化转型的程度、效果，在很大程度上反映了整个行业的数字化转型程度。自2020年以来，包括国信证券在内，大部分证券公司都在半年报和年报中明确提到“数字化”。当前证券公司数字化转型整体呈现如下特点。

一方面，绝大多数证券公司已开启数字化转型进程并已取得阶段性的成果。证券公司普遍意识到全面数字化转型是推动公司高质量发展的必要途径，因此

---

* 本文由国信证券股份有限公司刘汉西、吴士荣、丁一、陈镇光共同撰写。

先后开启了数字化转型的进程；并且每年加大 IT 投入，确保数字化转型必要的资源保障（见图 1）。在某些关键领域取得了显著成效，催生了智能投顾、智能投研、智能客服等新型服务或产品。

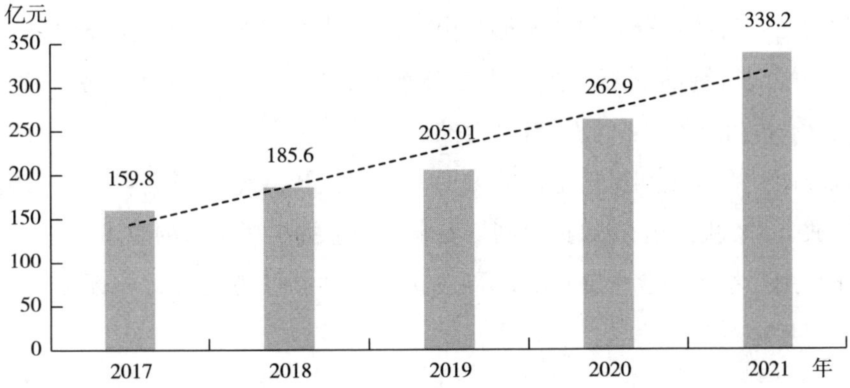

图 1　2017—2021 年证券行业信息技术投入金额

另一方面，不同类型的证券公司在推进数字化转型过程中表现出不同的进度与特征。大型券商更多的是采取多点投入、全面推进的方式，引领行业数字化转型发展方向，注重科技创新驱动业务发展，挖掘新的需求增长点。中小券商在数字化建设上则更加聚焦，围绕特定领域的业务定位，量身定制有助于解决发展的关键痛点，助推公司深耕核心业务的差异化发展。

2　知易行难，迎接转型实践中的困难与挑战

由于历史原因，证券公司在数字化转型实践中不可避免普遍会面临各种类型的问题和挑战，集中体现在以下几个方面。

挑战一：如何达成全员共识？数字化不仅仅是一场技术变革，更是一场思维革命。数字化转型不仅要技术先行，还需上升至公司战略层面，达成高度共识，充分调动和促进公司各部门的主动性、积极性和创造性，才能加速实施的进程。

挑战二：数字化人才缺乏。当前行业数字化人才队伍距离全面数字化转型仍有差距，包括信息技术条线的技术专业人才，也包括各业务部门和职能部门的业务产品经理、数据分析师等复合型数字化人才。大部分公司都存在人才引进困难、人才激励不到位或人才队伍结构不合理等问题。

挑战三：跨条线资源整合不够。由于跨条线的资源整合需要公司层面领导者和相应配套机制的统筹与协调，对当前大部分证券公司来说仍是一个难题，部门之间仍存在本位主义，没有动力推进共享协同。

挑战四：在安全和风控上，一方面，数字化转型将带来更多的数据应用和数据开放，对数据安全和保护、网络安全防护上提出了更高的要求；另一方面，数字化转型必将带来业务新模式和新变革，需要在业务合规、业务质控、业务风控上同步进行转型。

3 高屋建瓴，设计券商数字化转型能力体系

数字化转型是一项系统工程，需要加强顶层的规划和设计，自上而下地推进落实。从实践看，目前行业大部分证券公司开展数字化转型都已取得阶段性成果。数字化成果来源于多维度能力体系的综合运用。国信证券根据自身的实践经验，并结合对行业的深入分析，总结出构建数字化能力体系的六大核心主线，包括战略规划、组织和人才、创新机制、运营和考核、信息安全、技术研发，具体如图 2 所示。

根据数字化转型能力框架，证券公司可以围绕以下六大主线推进转型，构建核心数字化能力，打造面向未来的长期竞争优势。

（1）战略规划的统筹能力。战略规划指明了企业数字化转型的目标和方向，可以使企业的各级人员都能够知晓企业的共同目标及努力方向，进而增强企业的凝聚力和向心力，有效指引数字化转型目标得到实现。

（2）组织与人才的协调能力。组织与人才相辅相成，组织架构决定人才分工与协作，人才素质影响组织效率和发展。因此，企业有必要根据数字化转型要求、结合现状进行必要的组织架构变革。

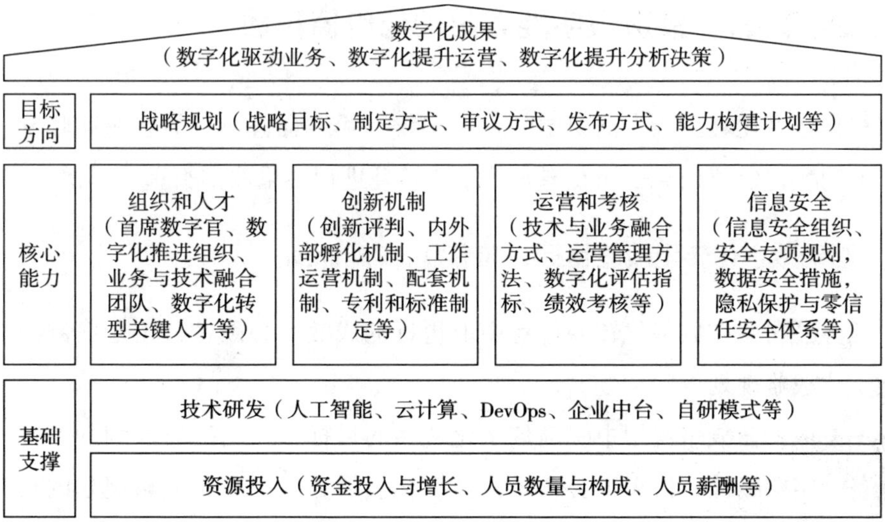

图 2　数字化转型能力框架

（3）创新能力。创新是企业发展的动力，在数字化时代尤其成为企业的重要竞争力。创新机制通过激发企业员工的积极性和创造性，促进企业资源的合理配置利用，从而推动企业数字化转型不断取得新的成果。

（4）运营和考核的管理能力。数字化运营目的在于解决企业数字化转型过程中“责权利”的有效分配，优化企业资源配置效率；而数字化指标评估和考核有利于调动各方面推进数字化转型的积极性。

（5）安全保障能力。数字化转型推动企业信息和数据越来越多地实现线上化，并将更多地与外部机构进行数据互联，如何保障信息安全越来越成为企业数字化转型过程中不可或缺的重要能力。

（6）技术研发能力。技术是数字化转型的基础能力，平台是对技术能力和业务能力的抽象与沉淀。企业如何通过数字化技术开展数字化转型，为管理变革和业务突破提供基础支撑，是衡量数字化转型能力的重要因素。

4 全面部署，推进数字能力落地与价值释放

根据数字化转型能力框架中的六大主线，并结合行业目前普遍面临和急需解决的问题，建议证券公司在未来数字化转型进程中采取如下重点举措。

4.1 明确数字化转型战略目标，制订可实施计划

证券公司要在数字化转型过程中取得好的成效，必须在公司层面制定明确的数字化战略规划。

一方面，在战略规划中明确数字化转型的目标。一是战略规划的目标应当是具备一定前瞻性，代表了公司未来数字化发展方向。二是战略规划的目标是在公司基于诸如SWOT（内部优势、劣势和外部机会、威胁）等分析后得出的，符合公司自身特点与定位。三是战略规划的目标应当是可执行、可衡量的，经过公司全体人员的努力可以达到，具有落地可行性。

另一方面，制订实现目标的落实计划。数字化战略不仅要有方向和目标，还要有配套的落实计划，也就是通过使用什么手段、什么措施、什么方法，以及在什么时间段来达到制定的目标。一个有效的落实计划应当是与公司的资源、环境、管理等相匹配的，是多个维度综合考量下的结果。

2022年7月，国信证券正式发布“数字化转型工作方案”（以下简称“方案”，见图3）。该方案向上承接公司“十四五”发展战略规划和“各条线十四五子规划”，向下对接金融科技“十四五”规划，是疏通金融科技赋能业务、精准匹配业务需求的有效机制。

“方案”中以建设“数字国信”为总目标，以深入融合业务与技术并加快金融科技与数字化建设为总抓手，切实发挥“创新驱动、科技引领”作用，加速实现公司“十四五”战略目标的指导思想，并制定了加强数据信息底座构建、深挖数字化业务与管理场景并建设、不断巩固网络安全、夯实数字化转型基础等4大领域53项重点工作。按“方案”设定的目标与计划，各项工作正在紧锣密鼓地推进落实中。

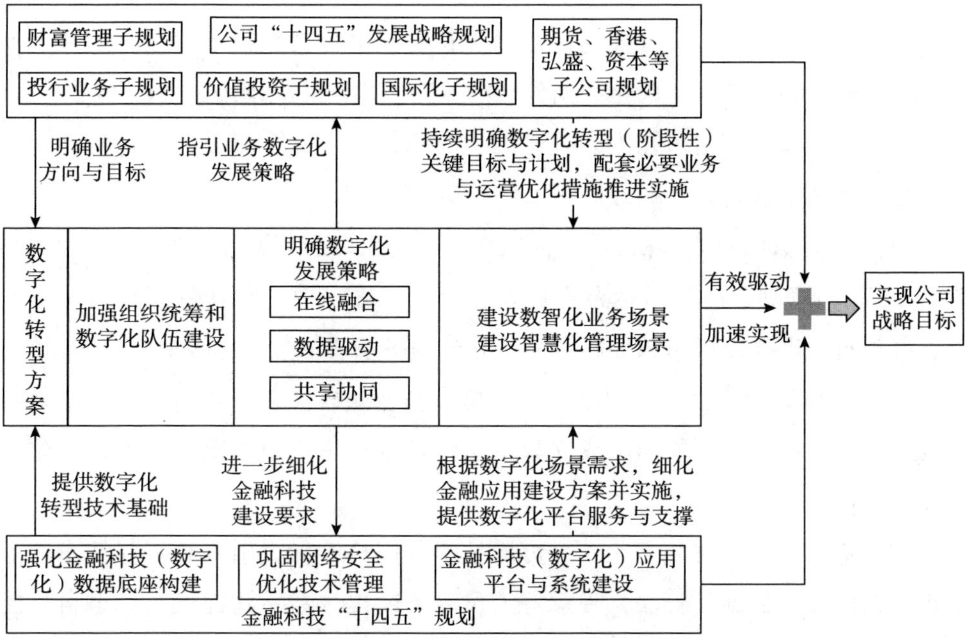

图 3　国信证券“数字化转型工作方案”

4.2　针对数字化进行组织调整，培养关键性人才

在数字化转型过程中，证券公司必须开展与数字化转型要求相配套的必要组织变革、并大力推进数字化关键人才培养，才能有效推动转型目标的达成。

第一，要明确数字化领导者。数字化转型的决策领导必须是公司的“一把手”，通常是 CEO（或董事长、总经理）。只有站在全局视野的“一把手”才能从公司整体的数字化转型目标出发、突破部门圈子，带领公司真正从用户的角度出发，推进和实现未来业务演进的蓝图。

第二，要成立数字化推进组织。数字化转型需要实现公司跨条线的资源整合，因此需要构建数字化推进组织以推动现有组织在业务、系统等多个领域创立有效连接与协同的接口，促进不同业务领域之间的信息和资源共享、业务协同，进而促进数字化业务与管理在跨部门间的有效运作。

第三，要培养具有数字化思维的人才。一是要建立符合公司自身的数字化

人才标准，为数字化人才的选用、培养、管理奠定坚实基础。二是要落实数字化人才培养，根据数字化人才的标准培养符合数字化转型需求的核心人才，如技术业务复合型人才、平民化数据分析师、数字化产品经理等。

国信证券在现有组织和人才基础上，明确目标，继续加大数字化转型组织架构与人才队伍建设，已经开展的工作包括：

（1）在组织机制上，在公司党委会、董事会、经营管理层的领导下，明确"一把手"负责制，由公司金融科技委员会负责确定数字化转型工作目标、工作方案等重大事项，组织领导和督促指导公司各条线的数字化转型落实工作。

（2）在组织架构上，公司战略发展总部和金融科技总部作为公司数字化转型统筹部门，协同公司各部门成立数字化转型推进工作组，统筹推进数字化转型重点工作。

（3）在数字化人才培养上，一方面技术部门持续加大引入和培养技术产品经理、架构师、数据（算法）专家等人员，不断提升数字化建设与金融科技能力；另一方面公司各业务部门与职能部门，设置数字化专员、业务产品经理、数据分析师等岗位或角色，协同主动挖掘数字化业务场景、开展数据分析并与业务过程紧密结合，促进本部门数字化转型工作把握发展主动权。

4.3 积极开展创新实践活动，建设形成长效机制

数字化时代公司的发展壮大更加离不开持续不断的创新发展，而只有配套行之有效的创新长效机制，才能保证公司创新活力的长盛不衰（见图4）。

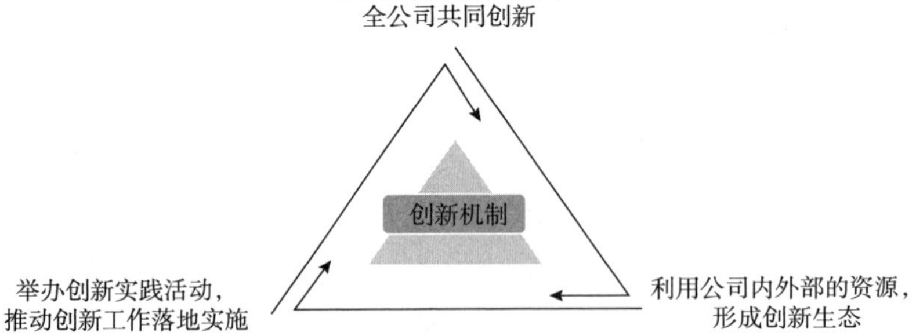

图4　数字化创新的关键要素

首先，建立数字化创新孵化机制。公司可设立科技创新基金，用于数字化创新类项目的建设；同时，制定配套的创新项目的筛选标准、验收标准，并为创新项目提供专家指导及资源支持。另外，也可与头部科技公司或者高校合作，共建创新实验室，根据公司数字化创新需求共研与孵化创新产品。

其次，形成数字化创新工作持续运营机制。创新运营机制需要常态化，可通过设立创新实验室以及定期举办创新活动等多种方式，持续推动创新工作的落地实施。公司级的创新活动，有利于营造全公司创新氛围，形成全员创新的企业文化，并通过组织培训学习、成果分享、对外交流等活动，扩大创新成果的示范效应。

国信证券持续打造公司数字化主动创新文化，开展创新大赛、成果推广、树标立范等多种形式的活动，激发全员活力，营造勇于、乐于、善于数字化转型的数字化创新文化氛围，包括举办"金融科技（数字化）文化节"和开展"数字化产品创意大赛"创新活动、设置"数字化发展奖"等。2022 年，国信证券举办首届金融科技文化节，通过"教练辅导 + 培训 + 沙盘演练 + 现场编程 + 业务技术"混合组队 PK 的方式，结合设计思维、精益创业、产品功能规划、敏捷项目管理等创新思维方法，突破当前组织条框、参与者与志同道合的团队伙伴在 36 小时内将创意从 0 到 1 打造一个产品。活动极大激发了员工的创新思维和创作热情。

此外，在 2022 年各类金融科技评选中，国信证券已获得包括"深圳市金融创新奖""第八届证券期货科学技术奖"等在内的多个奖项。

4.4 推进数字化运营管理，配套数字化考核指标

数字化运营与考核是确保公司数字化转型朝着正确目标持续前进的必要保障，各公司需要根据数字化转型目标，设定符合自身发展要求和管理特色的数字化运营与考核机制。

一方面，要改善协作，推动业务与技术的充分融合。业务与技术一体化运作有三种方式，企业根据自身情况选择（见图 5）。一是采用业务合作伙伴模式，将科技部门进行前置，部分 IT 人员与业务部门合署办公，初步形成融

合机制；二是推行产品管理制度，在IT部门或业务部门设置数字化产品经理，加强双方的进一步融合与协同；三是对于创新性业务或敏捷需求类业务，业务团队和技术团队可以组成新的团队或部门，进行快速开发和尝试，实现深度融合。

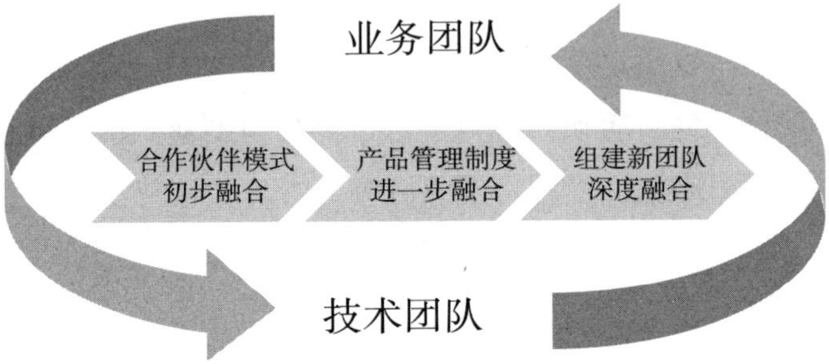

图5 业务与技术融合的三种模式

另一方面，要建立各条线的数字化绩效（考核）指标。设置绩效指标可进一步促进数字化转型工作在各组织内得到有效贯彻。一是设置业务部门的数字化绩效指标，如线上客户开发指标、线上运营客群覆盖指标等，评估数字化目标推进情况和满意度评价情况。二是设置IT部门的数字化绩效指标，如IT规划任务年度推进情况、业务系统建设情况等，提升IT部门数字化转型的驱动作用。

在融合工作模式上，国信证券以产品制的方式管理关键系统，并通过敏捷研发模式实现需求的快速迭代。根据各条线金融科技发展水平、产品线复杂度，通过成立专班、技术向业务派驻ITBP、技术培训产品经理等方式，全力打造融合工作模式。同时，国信证券周期性开展“首席信息官带队”的业务技术交流，及时把脉信息系统建设方向，实现从管理层至普通员工的立体式IT需求沟通。结合产品管理体系对产品经理职责的落实，以及数字化专员对典型场景的挖掘，形成需求主动挖掘、双向主动沟通的长效融合机制。

在绩效指标上，国信证券针对重大项目、系统安全运行及信息安全情况等设置了KPI考核指标，同时在探索目标与关键成果法（OKR）的落实方式。

4.5 加强信息安全管理，为实现转型目标保驾护航

在“万物皆线上”的数字化时代，信息安全的重要性更加不容忽视，尤其是数据安全的挑战更为突出。因此，保障信息安全将是公司可持续发展、提高整体竞争力的重要手段。

一方面，要加强数据的全生命周期安全保护和管理。数据安全是数字化时代信息安全的核心内容之一，建设内外部数据安全及投资者信息保护的监测体系，对数据全生命周期的安全流动风险进行识别、评估和预警，防范数据泄露、数据篡改、非法访问等安全风险事件发生。

另一方面，积极引入信息安全新技术以应对新的不确定性。随着人工智能、区块链、云计算等新技术的快速发展，在推动公司数字化进程不断递进的同时，也催生了新的安全需求，证券公司应该建立更加主动的防御措施。例如，建立零信任防护体系，对每个交互过程进行动态权限控制和细粒度访问控制，以及全方位的安全审计和持续的风险与信任评估，达到对身份、设备、应用和数据的共同保护。

国信证券在实践中从应用系统的设计、开发、测试、部署、运维、技术服务等各个环节加强安全管控，做好威胁情报监控和漏洞闭环管理，力争从源头解决网络空间的安全隐患，有效防范和化解供应链带来的网络安全风险，补齐网络空间安全保障体系的防护短板。

同时，国信证券内部贯彻落实《中华人民共和国数据安全法》，建立公司敏感数据的技术管控体系，加强数据安全保护关键技术的研发工作，规范数据处理活动，促进数据资源合规开发利用，保护客户隐私数据安全。建立有效识别敏感数据的机制，通过高强度算法与轻量级密码应用相结合的方式实现敏感数据的保护，以最小化授权的模式管控数据的使用范围，确保数据操作留痕可审计；基于漏洞挖掘和渗透测试技术方法，研究通过协议漏洞、系统入侵、侧信道攻击等方式对数据安全隐患进行探查，主动发现数据采集、汇聚、存储、处理、分析、共享、使用等各个环节存在的安全隐患。

4.6 推广金融科技应用，夯实数字化转型技术底座

证券公司需要从金融技术的普及性、可控性、高效性、可复用性等方面推动数字化转型的有效实施。

一方面，加速推广金融科技应用，并提升自主可控性。首先，积极推广行业应用已经相对成熟的金融科技技术，同时要适时试验和引进新技术，包括人工智能、DevOps、区块链、物联网、5G 等，提高公司的差异化竞争力。其次，对具备业务能力重要性、需求快速迭代等关键应用系统实施自主研发转型，实现“投入”、“产出”和“价值”之间的有效平衡。

另一方面，抽象并沉淀企业能力，逐步建设企业级中台。证券公司内部普遍存在“烟囱式”架构，系统之间无法集成或者交互协作成本高昂，并且各独立封闭系统之间出现功能交叉导致重复建设，因此证券公司应该推进中台建设，将公共能力进行抽象和沉淀，实现跨业务领域、跨用户、跨场景、跨地域的协同与复用，支持业务的快速拓展创新，减少重复建设，同时为生态建设奠定基础。

经过多年建设与积累，国信证券已建立起较为完善的中后台基础平台体系，如图 6 所示。

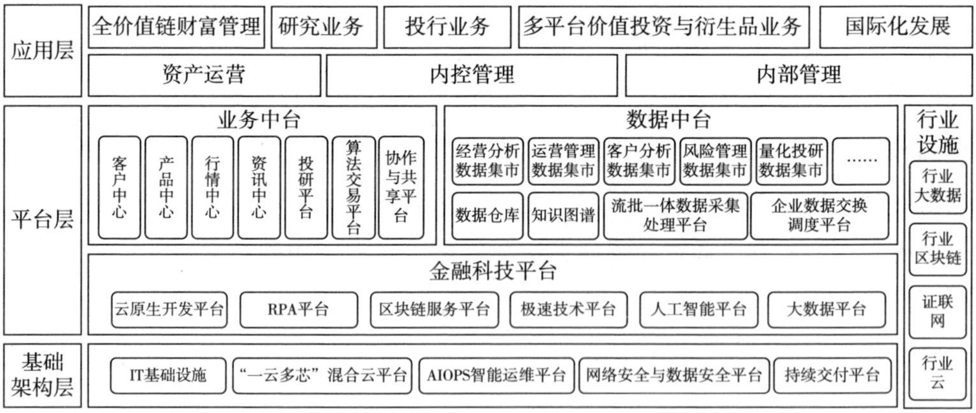

图 6　国信证券基础平台体系

其中包含了一站式数据中台，主要有经纪、风控、托管、资管等主题数据集市，及大数据挖掘建模工具等；并建立了可支持各业务条线应用快速研发的“企业级”业务中台，包括客户中心、产品中心、资讯中心和行情中心等。自研新一代技术平台架构，形成了应用架构域、共享能力域、前端应用域为主体，研发支撑域和服务治理域为两翼的“擎天”证券数字化技术平台。在云计算方面，已明确从云计算到云原生的演进路径，基于软件定义横向建设企业级云平台和云原生 PaaS 平台，打造全面支撑应用软件向云原生演进的云计算大后台。

5 卓有成效， 国信证券数字化转型渐入佳境

数字化转型是一项长期工程，在每个阶段中，只有定期回顾与总结，才能更好地推进下一阶段的工作。回顾近几年国信证券在数字化转型道路上取得的阶段性成果，主要体现在以下几个方面。

在客户财富管理领域，国信证券成功打造了以金太阳 App 为核心的多渠道一体化互联网金融平台，以及“鑫投顾”证券投顾服务、“国信优选”基金代销服务、“国信智投”公募基金投顾业务等，实现客户与产品的精准匹配，为客户提供个性化的产品和服务建议。

在大投行业务领域，从 2020 年起，国信证券陆续实现了发行人风险监控、银行流水分析、底稿智能识别、文档智能撰写与审核，并将数字员工在投行领域广泛应用，数字化、智能化转型有效助力了大投行业务驶入快车道。

在机构综合交易服务方面，国信证券目前已打造全链路、低延迟交易解决方案，向顶尖高频私募、成熟私募、策略爱好者等提供各种类型的定制策略交易服务，满足不同投资者的差异化、专业化需求。

在投资交易支持体系方面，2020 年以来，国信证券持续打造“可转债、权益、固收、量化、衍生品”五轮驱动的大类资产体系。充分利用科技手段打造投研一体化服务、创新型衍生品一体化服务、做市业务一体化平台等，持续完善投资交易支撑技术体系，实现投资智慧化。

在运营管理方面，2020 年国信证券在行业内首批实现“7 ×24 小时无间断

业务审核”模式，同年还率先实现机构及产品一站式智能见证开户，全流程开户时长缩短 75%。经过深入推进，公司已建成网点、业务全覆盖的 VTM 智能终端，向全面建设智慧网点迈出了重要一步。

未来，国信证券将继续遵循回归金融服务实体经济的本源逻辑、坚持以客户为中心的服务逻辑、构建以创新为宗旨的战略逻辑、打造以数据为核心的风险管理逻辑，在建设“智慧国信”的同时，切实履行全国性大型综合类券商的责任，为资本市场高质量发展贡献国信力量。

参考文献

［1］中国证券业协会．证券公司 2021 年经营业绩排名情况［EB/OL］．https：//www. sac. net. cn/hysj/zqgsyjpm/202206/t20220617_168421. html．2022 -06.

［2］BCG 波士顿咨询．券商数字化转型破局之道［EB/OL］．https：//mp. weixin. qq. com/s/sKbnqVSOq5Z - lNVGM2aCJg. 2022 -02.

［3］麦肯锡．知易行难：探索券商数字化转型成功之路［EB/OL］．https：//www. mckinsey. com. cn. 2021 -12.

智能机房巡检机器人在行业数据中心应用实践*

摘要：《国家新一代人工智能标准体系建设指南》指出，到2021年明确人工智能标准化顶层设计，研究标准体系建设和标准研制的总体规则。到2023年，初步建立人工智能标准体系，并率先在金融等重点行业和领域进行推进。随着国家层面顶层的统筹规划、各技术领域攻关突破、应用场景的探索成熟，人工智能发展取得了显著进步，成为当前行业研究的热点领域。本文介绍了智能机房巡检机器人在数据中心的应用，通过智能机房巡检机器人实现机房状态的实时可视可管，并提高机房的自动化运维效率、管理效率和科技水平。

关键词：行业数据中心　智能运维　机房巡检机器人

1　应用研究背景

1.1　行业运维挑战

在业务发展新需求、行业信息监管要求和数据中心生命周期更迭等因素的影响下，多数据中心格局是行业发展趋势。此格局下，一个运维团队通常需要负责多个数据中心的运维。一般情况下，运维团队会驻场在某一生产数据中心，而其他数据中心则采用远程运维和现场按需前往结合的运维方式，即远程监控操作系统，安排专人前往现场巡检、排障和施工等工作，该模式下主要存在如下难点：

* 本文由上海证券交易所尚升、孙君文、杨慈航和国融证券信息技术中心惠怀名、武捷共同撰写。

（1）巡检精细度和巡检频次难以提升。基于行业监管要求和业务运行安全考虑，目前普遍采用人工巡检的方式查看设备现场运行状态，巡检主观性较强、无法高频巡检，且缺乏对局部温湿度、烟雾、噪声等的有效监控手段，难以全面有效预防设备运行风险。

（2）现场陪护工作耗时耗力，回溯手段欠缺。现场开展的排障、施工等工作如需第三方参与，则须安排人员全程陪护，远程和现场人员联动性不强，工作内容无法可视化呈现给远端人员，且陪护过程无法精确记录和回溯（如开柜授权记录、工作画面和机房物品流动追溯等）。

（3）跨部门监控整合和工作标准化困难。随着多维度、全方位、态势预测的监控发展趋势，运维团队需整合多个监控软件分析报表后统一决策，而这些涉及设备的状态监控、环境监控等软件彼此独立性较强，整合分析耗时耗力；且随着业务系统的增加，对应的设备数量也日益增长，采集数据需要的人力也在不断增加，负责标准化的平台或工具需要不断迭代升级，对运维团队来说也是一个挑战。

（4）运维团队人员变动影响系统运行稳定。运维团队存在人员流动的情况，新到岗人员需要一定时间熟悉工作内容和流程，特别是一线运维岗位，运维巡检人员主观判断和对系统设备的熟悉程度直接影响故障发现上报效率，如何避免人员变动带来的影响也是运维团队需要考虑的问题。

1.2 AI 助力运维转型

智能机器人属于特种机器人的一种。以先进的 AI 算法驱动，使用多传感器综合采集分析数据，智能机器人具备一定的自主判定和决策能力，可实现自动充电、自主导航和避障、自主执行作业。

随着计算机视觉、机器学习、智能语音等算法技术的进步，AI 技术应用场景不断拓展，智能机器人逐步从工业应用走向更多服务领域。基于安全运行考虑、运维的复杂程度、综合成本考虑和其他限制（如机房场地改造限制、机房场地安全等），智能机房巡检机器人目前功能以“看”为主，即使用机器人本体集成的激光雷达、超声波传感器、工业相机、深度相机、热成像相机、温湿度等传感器，采集特定信息进行综合分析判定，并实时输出异常。如果将智能机房巡检机器人应用于数据中心，替代部分重复程度高、需借助感应器或其他工具采集数据的日常工作，可极大降低一线人员的现场工作量。

为探索人工运维和智能机房巡检机器人结合的数据中心运维新模式，上交所开展智能机房巡检机器人应用实践，验证智能机房巡检机器人代替人工开展设备巡检、环境巡检、施工陪护监控等工作的可行性，让机房管理轻型化、标准化、可视化、智能化。

2 部署实践方案

2.1 整体设计原则

本次实践在金桥数据中心托管数据机房内开展，整体设计思路如下：

（1）整体运行安全。实践选用的智能机房巡检机器人设计符合机房建设标准及规则，功能先进可靠，整体解决方案已有成熟的应用案例。此外，在实践过程中，机器工作时人工全程陪同，发现异常时可通过机器人本体急停按钮停止机器人一切运动。

（2）功能验证全面。本次研究在已上线业务的机柜通道内开展，在生产环境下验证大部分功能。同时，额外启用一个测试机柜通道，部署多台测试设备，人工模拟故障和测试场景，与生产环境功能验证互补，多方位验证智能机房巡检机器人功能实现程度。

（3）实践过程严谨。智能机房巡检机器人运维和人工运维同步开展，记录同一应用场景下两者工作内容完成度、完成效率和流程标准化等关键数据，后期汇总分析数据对比两者优劣。应用部署方案与厂商推荐的商用方案保持一致，兼顾本次实践和后续快速投产部署需求。

2.2 应用架构设计

智能机房巡检机器人系统主要组成部分为机器人本体、智能充电桩、人机交互系统、机器人管理系统、资产管理系统等。其中，人机交互系统预装在机器人本体内，机器人管理系统安装在后台服务器内。机器人本体通过无线实时上传数据或通过电力载波与充电桩之间传输数据，并在充电过程中将数据上传。机器人整体解决方案架构如图 1 所示。

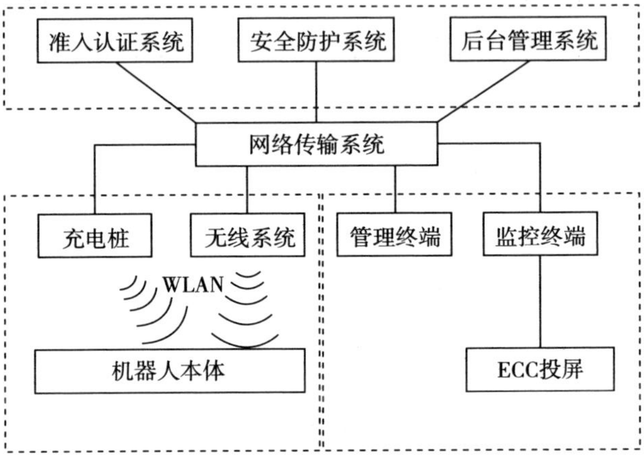

图 1　智能机房巡检机器人架构

在实际部署中，考虑到机器人本体通过无线系统上传数据，因此对无线系统接入作了重点防护，如准入认证、硬件地址绑定、认证失败禁止登入一段时间等防护举措，同时也限制无线系统仅在智能机房巡检机器人作业期间开放，无线系统开放期间全程监控。

在 ECC 内部署管理终端和监控终端，实时输出智能机房巡检机器人作业过程和结果并投屏，ECC 内有监控人员可查看机器人状态，并在管理终端下发即时任务、定时任务、机器人维护和其他作业指令。

3　研究实践

综合评估日常一线运维工作内容和智能机房巡检机器人能力范围，本次实践场景既包含机器人本体运行安全验证，也包含可替代人工运维的工作场景如设备巡检、环境巡检和施工陪护等。

3.1 场景一：自动化运行

本次实践中，AI 赋能的智能机房巡检机器人自主运动决策，依赖激光雷达、摄像头等传感器采集的信息完成路径导航、避障，工作范围为标准化机房环境，无额外基础环境改装。

3.1.1 急停、碰撞干预

人工通过急停按钮对智能巡检机器人进行干预，干预后巡检机器人瞬间停止所有动作并发出声光告警。此外，智能巡检机器人检测到碰撞时也会触发急停并告警，运行风险可视可控。

3.1.2 自动避障和路径规划

考虑到数据中心现场环境较为复杂，行进路线上会出现干扰物体，如螺丝刀、机柜盲板、网线、交换机等物体，智能机房巡检机器人需要识别到物体并及时终止绕行或无障碍通过。在研究过程中，针对不同的障碍物进行干扰实验，智能机房巡检机器人基本能够按照预期完成自动避障和路径规划（见表 1）。

表 1 自动避障功能验证

自动避障场景描述	功能验证总结
行进路线前方出现人员	机器人在距离测试人员约 2 米的距离自动停止，并转动摄像头对四周环境进行扫描，扫描停止后选取另一条路线绕行至目标位置，实现了全自动避障
机柜通道内行进路线前后方均出现测试人员	机器人感应到行进路线前方出现人员，转动本体对四周环境进行扫描，传感器回馈周围均有障碍物，无可用行进路线，机器人触发急停
行进路线前方出现 2U 服务器	机器人在距离测试服务器约 2 米的距离自动停止，并转动摄像头对四周环境进行扫描，扫描停止后选取另一条路线绕行至目标位置，实现了全自动避障
行进路线前方出现机柜盲板	机器人运动轮行驶通过机柜盲板
行进路线前方出现网线	机器人运动轮行驶通过网线

3.1.3 自动回桩充电

为尽可能远离设备并避免影响正常人员通行，本次充电桩靠近立柱角落安装，无固定装置，用220V/50HZ市电供电。经多次研究验证，智能机房巡检机器人能够在任务执行完毕、任务终止或低电量情况下自动回桩充电，回桩对接过程中，充电桩受力出现毫米级位移，但不影响下次回桩。在触发定时任务或派发即时任务后，智能机房巡检机器人自主执行任务，全程路径规划和避障无须人为干预。机房巡检机器人从0充电至100%需要2.5小时，且支持快速充电和电池快换方案，充满电状态下可持续巡检6小时以上。

3.2 场景二：机房环境巡检

应用实践在标准为T3+的生产机房内进行，基础环境异常出现概率极低。考虑到功能测试的严谨性，本次通过调整基础环境关键告警阈值来验证智能机房巡检机器人功能性（见表2）。

表2 机房环境巡检验证

巡检环境参数	告警阈值设置	功能验证总结
温度	高于17℃	巡检过程中自动采用分析，检测颗粒度为1/6机柜高度，发现异常按告警等级发出声光提示和告警通知
湿度	高于30% RH	巡检过程中自动采用分析，检测颗粒度为单机柜前湿度。发现异常按告警等级发出声光提示和告警通知
噪声	高于70dB	巡检过程中自动采用分析，检测颗粒度为单机柜前噪声。发现异常按告警等级发出声光提示和告警通知
悬浮粒子	高于0% obs/m	巡检过程中自动采用分析，检测颗粒度为单机柜前粒子浓度。发现异常按告警等级发出声光提示和告警通知

在指派巡检任务时，可以关联到单个或多个机柜，巡检过程中可实时查看环境参数。同时，智能机房巡检机器人后台管理系统支持即时巡检任务和定时巡检任务，极大地降低了运维工作量，巡检工作对比如表3所示。

表 3 机房环境巡检工作对比

对比项目	智能机房巡检机器人运维	人工运维
信息采集范围	采集的环境信息更丰富，异常预防更全面。可额外获取温湿度、风速、噪声、气体和颗粒物浓度等	仅能通过固定传感器获取温湿度，可发现机房盲板未安装、布线较乱等问题
信息采集颗粒度	采集的环境参数颗粒度更细，机房可视可管程度更高。可获取每个机柜的环境参数，温度甚至可精确到1/6 机柜	仅能通过固定传感器获取某一区域的环境参数
告警上报	采集环境参数时实时判定异常、现场和后台监控同步发出告警，告警响应更迅速。可直接把告警信息发送至后台二线，告警上报更迅速	发现问题需要电话或信息联系后台二线处理，上报流程需要一定时间
资料调阅	环境参数即采即录，资料调阅更便捷。历史巡检记录保留时间可自定义，资料调阅更便捷，生成报表巡检结果更直观	巡检纸质记录需长期保存，需要耗费人力物力来保存整理相关资料，历史信息调阅较麻烦

3.3 场景三：设备状态巡检

通过人工智能深度学习算法，只需在部署前期为机器人标注一次样本即可，智能机房巡检机器人通过人工智能增补算法快速将小数量样本集扩充至千万级样本级别，从而满足进行大规模图像算法训练的样本需求。

本次应用实践巡检设备超过 400 台，部署在 3 排机柜中，设备类型包括交换机、路由器、服务器、存储和传输设备等。在机器人巡检同时人工巡检也在同步开展，对比验证了智能机器人的可用性和可靠性（见表5）。

表 4 设备状态巡检验证

设备异常状态描述	功能验证总结
红色或橙色常亮（异常需告警）	现场声光告警和后台同步推送告警
红色或橙色常亮（正常需屏蔽）	通过告警管理进行屏蔽，不再重复该告警
红色或橙色闪烁	现场声光告警和后台同步推送告警。理论上存在极低概率漏报该异常，机器人单次采样后进行图片分析，当采样瞬间设备红色或橙色灯熄灭时会判定设备正常，可通过多次采样解决
全灭（异常）	现场声光告警和后台同步推送告警
全灭（设备下架）	现场声光告警和后台同步推送告警

应用实践中，智能机房巡检机器人可实现自动化定时巡检，单次巡检时间约30分钟，巡检画面和结果实时传输至后台监控端。在出现异常时，能够立即发出告警信息，自动关联设备位置信息（见表5）。实践表明，智能巡检机器人按预期完成了测试目标，并可以提供高强度的巡检频次，支持巡检记录回溯，便于运维人员更加精细化判定故障设备位置和查看历史状态。支持巡检报表输出，提供可读性更高、信息更为完善的巡检报告。

表5　设备状态巡检工作对比

对比项目	智能机房巡检机器人运维	人工运维
设备位置异动	设备位置异动发现更高效。机器人巡检时可发现设备位置异动，如设备下架或新上架设备	需核对现场机柜信息图发现设备位置异常，实现过程烦琐
异常设备信息关联	异常告警时自动关联故障设备系统等级、设备名、IP、位置、型号等信息，故障响应更便捷	需查看设备标签，并查询相关文档才能获得异常设备详细信息
告警上报	设备巡检时实时判定异常，现场和后台监控同步发出告警，告警响应更迅速	发现问题需要电话或信息联系后台二线处理，需要一定时间
告警内容识别	机器人运维巡检目前无法识别到故障灯含义，需人工现场查看。有线缆遮挡情况下无法识别到状态灯是否正常	发现故障后现场查看故障灯标识确认故障类型
结果一致性和工作标准化	巡检作业标准化程度高，巡检结果一致性较强，服务质量和效率更可控。巡检结果无主观性判断，标准化数据输出	巡检人员流动带来不确定性，新人员培训上岗需要一定时间，服务质量和效率存在不确定性。巡检流程标准化需借助第三方工具实现
高频度巡检	巡检结果准确率高，适合交易时间高频度巡检。指示灯故障识别基于算法，无主观因素干扰，准确率高，支持不低于6小时连续巡检，可以在不影响准确率的情况下实现高频巡检	巡检结果存在一定主观性，高频度巡检需投入大量人力
信息展示和资料调阅	巡检结果后台实时同步展示，支持视频调阅记录，资料调阅更便捷，生成报表巡检结果更直观	人工巡检纸质记录需长期保存，历史调阅较麻烦，工作标准化需借助第三方工具或软件

3.4 场景四：监控与施工陪护

基于运行安全考虑，在非用户单位施工时用户需对相关区域进行巡视或驻点监控，传统人工陪护耗时耗力，且配合录像传输设备才能支持画面实时呈现。智能机房巡检机器人可实现监控和施工陪护一体化，新增任务时可设置任务名称、数据中心、机房、监控点、监控用时，并可预先设置机器人监控朝向。

较人工陪护，智能巡检机器人机房监控和施工陪护更具实用性和监控过程调阅更便捷，且监控视频支持长期存放，信息回溯更便捷（见表6）。

表6 监控与施工陪护工作对比

对比项目	智能机房巡检机器人运维	人工运维
现场远程交互	陪护现场无需人工，监控画面实时传输至后台，可远程查看现场状态和发送语音	实现该功能需外持录像设备和建设相关系统
风险预警	监控时可呈现热成像画面，超过阈值会告警，避免失火风险	靠主动感知或传感器判定异常
多点监控陪护	功能过程较复杂，一个任务中仅可设置一个监控点。如一个机房内有多处需要监控则需设置多个定时监控任务	陪护工作调度更灵活。可根据现场情况在多个施工区域内流动陪护
资料调阅	机房信息查阅和溯源更可靠。监控录像保留时间可自定义，支持任意时间段调阅	缺乏现场信息保留回溯手段

4 实践总结

本次实践表明，可通过智能巡检机器人实现精细化的机房环境监控，提升运维巡检精度，高效预防微发、渐发环境异常风险；通过智能巡检机器人实现设备指示灯状态查看、实况显示等功能，提高故障识别效率和巡检效率；通过智能化巡检机器人实现场地施工陪护、安全巡逻、异常闯入告警等功能，提升运行安全保障和告警效率；提供统一告警平台，整合基础环境、设备运行状态监控和提供分析数据报表，为统一决策提供支撑。智能机房巡检机器人在提高安全运行保障的同时极大减少了现场运维工作量，让机房状态实时可视可管。

智能机房巡检机器人的应用可助力运维团队解决人员流动带来的不确定性，以高效率、高质量、高标准完成一线运维巡检陪护类工作，将有限的人力解放出来完成智能巡检机器人能力之外的工作，从而专注于IT运维创造性工作。

在多数据中心运维格局下，使用智能机房巡检机器人处理数据中心日常事务，可一定程度上降低运维成本，减少人员往返多个数据中心的频次，并且在特定工作领域的作业效率、质量、流程标准化、过程回溯等方面较人工也具备一定的优势。在采购模式上，既可以一次性购买整体解决方案所需的软硬件和服务，也可以向厂商购买相应的服务，按季度或年度支付服务费用。

5 结语

随着行业科技发展和人工智能在行业应用规模不断扩大，传统的人工运维将逐步转向以机器与人结合的增强型混合智能系统，即用机器人、专业运维人员和信息系统结合成的群智系统，驱动数据中心运维智能化转型。基于人工智能的智能机房巡检机器人满足大规模、高等级、业务驱动硬件的新一代数据中心运维需求，并逐渐实现从“巡查”到“操作”的技术革新，为数据中心运维模式升级注入新动力。

海通证券数据分类分级创新方法与应用示范*

摘要： 随着信息革命的深入推进，数据已经成为国家基础性战略资源。同时，数据安全已上升到维护国家主权的高度。为落实《证券基金经营机构信息技术管理办法》提出的“证券基金经营机构应当将经营及客户数据按照重要性和敏感性进行分类分级，并根据不同类别和级别作出差异化数据管理制度安排”，本课题遵照《证券期货业数据分类分级指引》，依据国内领先的大型综合性证券公司自身业务实际，探索建立了具有行业特色的数据分类分级管理体系，形成了具有行业示范性和普适性的实施方法论；提出一套基于数据特征和行业特色的数据分级分类管理框架，建立统一的数据资产目录，明确数据分类、数据分级标准和数据分类分级清单，形成具有可操作性的数据分类分级流程；通过分析挖掘业务数据和元数据信息，研究出行业通用的基于机器学习的数据内容智能识别模型，能够高效识别业务系统中客户敏感信息分布情况，刻画出元数据安全级别标签，形成敏感数据地图；基于云原生的微服务化架构建设了数据分类分级管理系统以及配套的工具，实现了数据分类分级融入日常业务工作，规范公司数据安全管理，便于公司数据资产发挥价值，强化数据资源保护能力，切实保障金融数据安全流动。本课题立足实践，研究成果具有一定的行业示范性，可为证券期货业落实《数据安全法》《个人信息保护法》要求提供一套可落地的实践案例。

关键词： 数据分类分级　数据资产　敏感数据　机器学习

---

* 本文由海通证券股份有限公司毛宇星、陆颂华、朱元元、罗秋清、娄达吟、吴保杰、卢凯璐、丁晓斌、刘欣、李彦辰、陈海洋、江轶共同撰写。

1 课题背景及意义

1.1 课题背景

伴随着金融科技的快速发展，证券行业的科技应用无一不与数据密切相关。2020 年 4 月 9 日，党中央、国务院印发了《关于构建更加完善的要素市场化配置体制机制的意见》，将数据与土地、劳动力、资本、技术并列为五大要素，指出数据作为新型的生产要素为中国的数字经济发展提供了支撑。2016 年中国证券业协会在《证券公司全面风险管理规范》中提出，证券公司应当建立健全数据治理和质量控制机制；2018 年中国证监会《证券基金经营机构信息技术管理办法》提出，证券基金经营机构应当将经营及客户数据按照重要性和敏感性进行分类分级以及采取措施保护经营数据和客户信息安全，防范信息泄露与损毁要求。2018 年相继出台的《证券期货业数据分类分级指引》《证券公司数据治理操作指引（征求意见稿）》对证券期货业数据分类、信息安全、数据治理等给出明确的落地指引。

近年来，数据安全领域陆续出台了多部法律法规，详见图 1。2021 年 6 月 10 日，全国人大通过《中华人民共和国数据安全法》，自 2021 年 9 月 1 日起施行，其中明确提出“各地区、各部门应当按照数据分类分级保护制度，确定本地区、本部门以及相关行业、领域的重要数据具体目录，对列入目录的数据进行重点保护”。2021 年 8 月 20 日，全国人大通过《中华人民共和国个人信息保护法》，其中明确提出“个人信息处理者应当根据个人信息的处理目的、处理方式、个人信息的种类以及对个人权益的影响、可能存在的安全风险等，采取下列措施确保个人信息处理活动符合法律、行政法规的规定，并防止未经授权的访问以及个人信息泄露、篡改、丢失”。这两部法律标志我国在数据安全领域有法可依，为各行业数据安全提供监管依据。对于公司的数据分类分级工作及数据安全防护的进一步完善，提供了明确的指导。

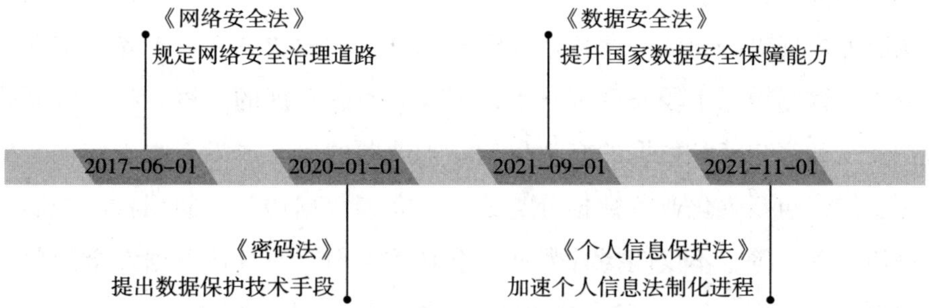

图 1 数据安全领域主要法律

证券期货行业汇聚了各类业务开展的数据，涉及投资者的基本信息、账户信息、财务信息等，同时覆盖了交易、风控、经营管理等各类明细数据，数据具有体量大、敏感程度高、重要程度高的特点，因此，证券期货业数据对基于安全的差异化管理以及合规使用尤为重要。

海通证券积极响应国家和行业管理政策，充分认识到业务数据、客户信息安全的重要性，公司科技发展规划将“数据安全管理建设”作为一项重要工作任务跟踪落实，2019 年科技工作部署中重点提出“加快推进客户资料、业务数据、办公文档等敏感信息的防泄露工作，结合 DLP 敏感数据防泄露体系在全公司的推广，启动办公数据分类分级工作，健全数据资产安全机制”的工作要求。因此，公司启动企业级数据分类分级管理与应用的创新研究项目，旨在实施有效的数据分类分级措施，对不同级别的数据提供差异化的流程、权限、审批要求等管理措施，聚焦客户重要信息，由点及面，全面展开对数据的差异化防护，从而在数据的使用过程中发挥承上（管理）启下（技术）的作用。

1.2 课题意义

数据是国家基础性战略资源，没有数据安全就没有国家安全。作为数字化转型的核心要素和关键因素，数据对经济发展的重要性不言而喻。数据的分级分类是数据重要性的直观化展示，是组织内部管理体系编写的基础，是技术支撑体系落地实施的基础，是运维过程中合理分配精力的基础。

本课题聚焦证券公司企业级数据分类分级管理与应用的创新研究，目标是探索《证券期货业数据分类分级指引》在行业的落地和应用方法，从方法论和落地实践方面提供一套证券期货行业可复用推广的解决方案。本课题结合数据分类分级、数据敏感字段发现等技术，实现对敏感数据的脱敏和权限控制，确保数据安全和客户隐私数据的有效保护。本课题的研究成果有利于推进数据安全管理工作，包括强化业务数据分类分级，完善数据访问、使用权限控制，做好数据使用审计等，不仅能提升数据安全管控能力，而且从数据安全的角度加强了数据资产管理，在保证数据安全的基础上促进数据开放共享。

2 课题目标及内容

2.1 课题目标

本课题的主要研究目标为：

（1）建立行业可复用的企业级数据分类分级管理体系，确定数据分类分级管理组织保障和数据分类分级管理办法，明确数据分类、数据分级标准，形成具有可操作性的数据分类分级流程，构建数据分类分级清单，完善数据管理与数据使用流程。

（2）建立基于数据特征和行业特色的数据分级分类管理框架，根据证券行业业务条线的复杂程度，按数据性质、管理需要、使用需要、重要程度进行数据归类，建立统一的数据资产目录，为数据治理奠定基础。分析证券业务开展中数据在传输、使用等过程中的数据安全风险及数据安全保护需求，确定数据定级依据及数据安全保护级别，让数据在安全合规的前提下最大限度发挥价值。

（3）建设数据分类分级的配套系统。落实数据分类分级成果，驱动数据安全管理，以系统化数据分类分级管理体系为目标，搭建数据分类分级管理系统，实现数据分类和数据分级管理，将数据分类分级与数据服务结合，形成数据级别管理与数据使用联动，实现数据精细化安全管控。

（4）探索证券期货业通用的基于机器学习的数据内容智能识别模型。聚焦客户重要敏感信息，结合自然语言处理、机器学习、正则表达式等提取敏感数据特征，实现敏感数据自动发现，构建元数据安全级别标签，形成公司敏感数据地图，提升数据安全运营效率。

2.2 课题内容

为有效落实外部数据分类分级监管要求，响应内部数据安全管理差异化需求，本课题结合海通证券自身业务特点，对产生、采集、加工、使用和管理的数据进行梳理，建立海通数据分类分级管理体系，让数据安全融入日常业务工作，保障业务稳健发展。

数据分类分级工作开展需要从数据安全保护的落地性、有效性和持续性等角度考虑，首先要建设数据分类分级清单，这是数据分类分级的核心工作内容；其次要有健全的保障机制，即在组织架构、制度流程、技术工具方面为数据分类分级工作保驾护航。

本课题的主要研究内容包括：

（1）总结出一套具有行业特色的可复用的数据分类分级的管理体系和实践方法论。在《证券基金经营机构信息技术管理办法》《证券期货业数据分类分级指引》的指导下，公司从组织架构、整体规划、制度流程、数据分类分级标准、系统工具、人员团队建设及培训宣贯等方面着手，总结出一套可复用的数据安全管理体系，规范公司数据安全管理，强化数据资源保护能力，切实保障金融数据安全流动，有利于公司数据价值的挖掘与实现，同时可以为证券期货业落实《数据安全法》《个人信息保护法》要求提供一套可落地的实践案例。

（2）提出一套基于数据特征和行业特色的数据分类分级管理框架。公司根据数据特征及治理方法的不同对数据进行了分类，对于不同类别的数据，制定不同的治理办法。

（3）建设了行业领先的数据分类分级平台及配套的工具。公司在数据分类的基础上，根据数据完整性、保密性、可用性等数据安全属性遭到破坏时的影响对象、范围和程度，定义数据安全级别，并对不同安全级别的数据处理活动采取必要的安全保护措施。

（4）研发出面向数据分类分级的数据内容智能发现模型。提出一种证券期货业通用的敏感数据智能识别模型，适用于自动获取证券类业务系统中客户敏感信息分布，并具备敏感数据识别规则的动态扩展能力，形成元数据管理的数据级别标签，对数据管理属性进行全方位评估与标识。

3 具有行业特色的数据分类分级管理体系

3.1 总体方法论

随着公司越来越清晰地认识到数据的价值，以及监管对于数据安全提出越来越明确的要求，建立健全数据安全管控机制、加强数据安全管理、建立健全数据管理制度、设立数据安全防护措施的任务迫在眉睫。数据的分类分级是数据安全管控的重要一环，因此为了切实维护海通证券业务数据安全，考虑建立数据分类分级管理体系。

首先，结合《证券基金经营机构信息技术管理办法》《证券期货业数据分类分级指引》等监管要求及公司现状，制定数据分类分级的整体规划（见图2），进而将目标进行细化分解形成具体工作内容。

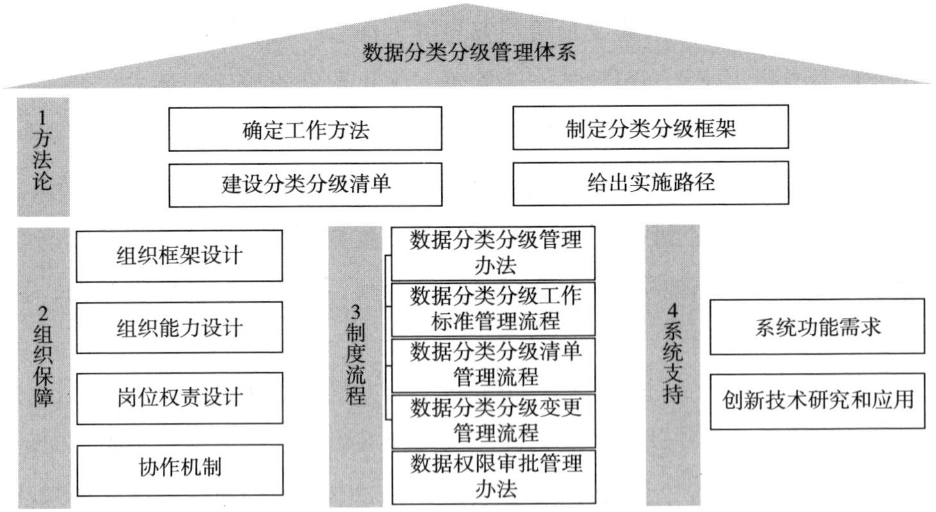

图2 数据分类分级管理体系规划

3.2 数据分类分级组织保障

数据分类分级是一项长期且持续的工作，要推动这项工作的开展，离不开公司高层的支持。公司的数据管理部门、数据开发部门、数据使用部门、风险合规部门等在这个过程中也需承担各自不同的角色，因此需搭建一套自上而下、层级权责明确的数据分类分级管理架构，使机制的闭环得以有效建立。

公司2019年正式发布《海通证券股份有限公司数据治理管理办法》，其中明确了信息技术治理委员会是公司数据治理的最高决策机构，负责统一指导公司数据治理规划、协调资源、推进数据治理工作。信息技术治理委员会下设数据治理工作办公室，作为公司数据治理的管理协调层，负责推动、执行、落实公司数据治理相关工作，数据治理工作办公室日常办公机构设在运营中心。数据分类分级作为数据治理的子领域，参考数据治理的管理架构，建立由决策层、管理层、执行层等组成的组织架构（见图3）。

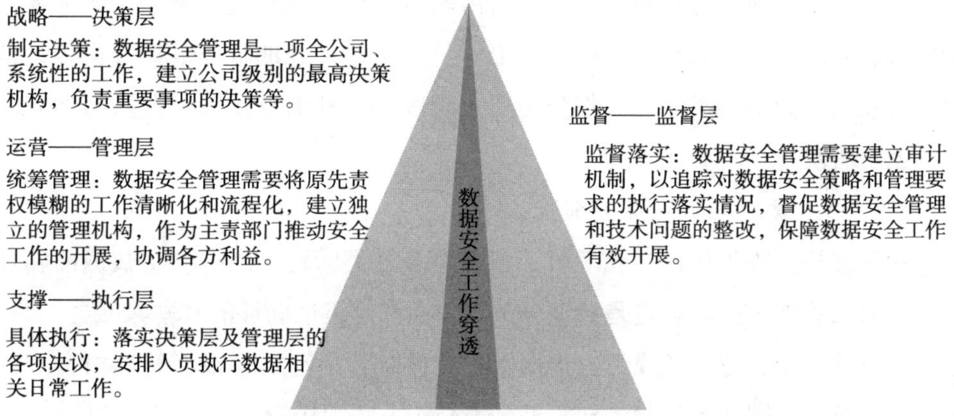

图3 组织架构数据安全管理活动

3.3 数据分类分级管理制度与流程

公司制定并发布了《数据治理管理办法》《数据分类分级管理办法》《元数据管理办法》，另外《数据字典管理办法》《数据使用审批管理办法》处于初稿完成意见征集阶段。公司数据安全管理制度体系日趋完善，并逐步明确相应工作管理流程，这为公司的数据分类分级工作提供了制度保障（见图4）。

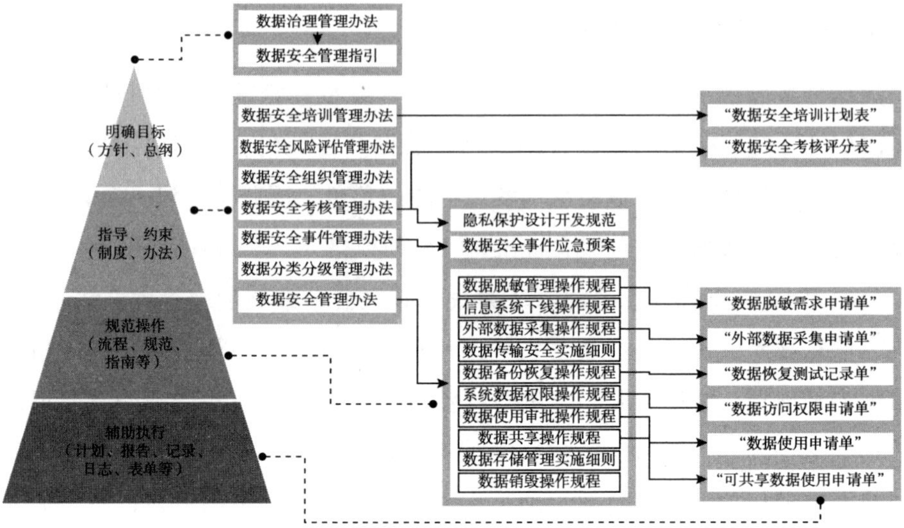

图 4　数据安全制度管理体系

3.3.1　数据分类分级标准

在明确了管理架构及制度流程后，需制定一套职责明确、易操作的标准及工作方法来落实公司的数据分类分级工作。依照《证券期货业数据分类分级指引》的要求，数据分类分级工作分为三大阶段：业务细分阶段、数据归类阶段和数据定级阶段。

3.3.1.1　第一阶段：业务细分

业务细分阶段工作目标和理解：解决业务分类问题，同时确定数据的管理主体。数据管理主体的确定是数据分类准确性和定级准确性的基本保证。

业务管理指在业务条线下，根据管理主体、管理范围（或称管理内容）的不同，细分出不同业务类别，在数据分类分级方法中作为业务二级子类。

3.3.1.2　第二阶段：数据归类

依据第一阶段划分的每个业务二级子类的管理范围对应的管理对象，对数据进行归类，确定对应某业务的“单类业务数据总和”。这是一个过渡性成果，按照数据性质、重要程度、管理需要、使用需要等要素，将“单类业务数据总和”细分为不同的数据以及子类。如有必要，按照细分方法，进一步细分为数据二级子类、三级子类等。

3.3.1.3 第三阶段：数据定级

在数据分类基础上，进行数据定级。级别判定采用基于影响的判定方法，由影响对象、影响范围、影响程度三要素判断，参考《证券期货业数据分类分级指引》中行业协会典型数据分类分级模板信息，确定数据定级规则和定级调整规则。

数据在传输、使用等过程中，因各类业务需要，在数据体量或敏感程度等方面会发生变化，因此数据的级别也要随之调整。以个人客户手机号码为例，在数据聚合、脱敏处理等不同环节对应的数据级别会随之调整，如图 5 所示。

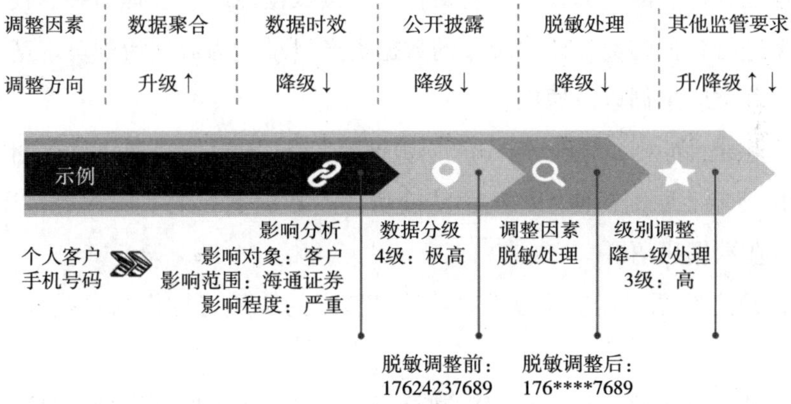

图 5 数据级别调整示例

3.3.2 数据安全运营管理机制

在数据分类分级管理体系的基础上，逐步完善数据安全运营管理机制，从访问、使用角度加强对不同等级数据的管理，提升数据安全。

（1）依照《数据使用审批管理办法》，明确数据使用的场景、流程、适用范围等，另外需厘清数据管理部门、技术部门、数据使用部门、风险合规部门等的职责等。规范了数据的日常安全运营管理，方可有据可依，有利于公司大大提升数据的使用程度及易用程度。

（2）依照《数据使用审批管理办法》《数据脱敏需求申请单》等，引入数据脱敏、数据库审计等工具手段，丰富公司的数据安全运营管理。

此外，人才团队的建设及人员能力的提升是公司数据分类分级工作开展的重要保障。针对公司目前安全岗位缺失或人员不足的情况，根据安全管理需求的变化，调整招聘要求，新增专业岗位，弥补人员团队建设的不足。

在公司内部需做好数据分类分级相关内容的知识转移，通过海通财富管理学院的线上课程、外部专家的培训、海报等形式，对公司全员及安全管理人员进行全面、有效且个性化的宣贯，提升员工数据分类分级意识，提升安全管理人员对于数据分类分级相关工作的理解。

3.4 基于数据特征和行业特色的数据分类分级管理框架

3.4.1 基于数据特征的差异化数据分类管理框架

根据证券行业的业务条线的复杂程度，按数据性质、管理需要、使用需要、重要程度进行数据归类，建立统一的数据资产目录，为数据治理奠定基础。

数据分类应遵循以下原则：

（1）系统性原则：基于对公司所有数据的考量，建立从总到分的分类体系。

（2）规范性原则：使用的词语能确切表达数据类目的实际内容范围，使用统一的行业数据用语。

（3）稳定性原则：选择分类对象的最稳定的本质特性作为数据分类的基础和依据。

（4）明确性原则：同一层级的数据类目间界限分明，当数据类目名称不能明确各自界限时，可以用注释加以明确。

（5）扩展性原则：在数据类目的设置或层级的划分上，允许分类数据可扩展。

为提高数据可见性、好用性，数据分类从业务条线出发，依次分为业务一级分类、业务二级分类。

（1）业务一级分类根据证券行业的业务特征划分为交易、监管、信息披露、其他。

（2）业务二级分类根据业务条线进行划分，其中交易分为主体类、账户类、品种类、合同类、事件类、资产类、渠道类、营销类、行情资讯类，监管分为监管报送类、合规风控类、稽核类，信息披露分为信息披露管理类、研究报告类，其他分为业务管理类、技术管理类、综合管理类。

在明确数据业务分类的基础上，对数据进行归类，依次分为数据一级分类、二级分类、三级分类（见表1）。

表 1　数据分类示例

业务分类		数据分类					
业务一级分类	业务二级分类	数据一级分类	一级分类描述	数据二级分类	二级分类描述	数据三级分类	三级分类描述
交易	账户	交易账户	指登记结算机构为投资者设立的，用于准确记载投资者所持产品的种类、名称数量及相应权益和变动情况的账册	交易账户个性信息	指除基本信息、管理信息、额度信息和权限信息外，交易账户不同细类下的个性化信息	证券账户个性信息	证券账户指证券登记结算机构为投资者设立的，用于准确记载投资者所持的证券种类、名称、数量及相应权益和变动情况的账册，包括信用证券账户和衍生品交易账户等
						基金账户个性信息	基金账户指基金登记结算机构为投资者设立的，用于准确记载投资者所持的基金种类、名称、数量及相应权益和变动情况的账册
						其他交易账户个性信息	其他交易账户指登记结算机构为投资者设立的，用于准确记载投资者所持的产品种类、名称、数量及相应权益和变动情况的账册，不包括证券账户和基金账户
		资金账户	资金账户即证券交易结算资金账户，是指投资者用于证券交易资金清算的专用账户	资金账户基本信息	描述资金账户的基本信息，如资金账户币种代码、资金账户类别代码	—	—
				资金账户佣金率设置信息	描述佣金率的设置信息，如佣金类别代码	—	—
				资金账户权限信息	指资金账户拥有的业务资格	—	—
		银行账户	指银证转账中用于向资金账户转移资金的银行账户	—	—	—	—

（1）数据一级分类基于业务二级子类下日常工作中产生的全部数据进行细分。以主体类数据为例，数据一级分类可以分为基本信息、财务信息、联系信息、鉴别信息、风险信息、管理信息、关联信息、角色信息。

（2）数据二级分类、三级分类是基于上一级分类数据总和的细分。以基本信息为例，数据二级分类可以分为自然人基本信息、机构基本信息。

业务数据分类的标准，给数据模型设计提供了依据，也为数据模型推广与使用奠定了基础。

3.4.2 具有证券期货业特色的数据分级管理框架

分析证券业务开展中数据在传输、使用等过程中的数据安全风险及数据安全保护需求，确定数据定级依据及数据安全保护级别，让数据在安全合规的前提下最大限度发挥价值。

数据定级三要素包括：

（1）影响对象，划分为行业、海通证券、客户。

（2）影响范围，划分为多个行业、行业内多机构、海通证券。

（3）影响程度，一般指数据安全属性（完整性、保密性、可用性）遭到破坏后带来的影响大小，划分为严重、中等、轻微、无。影响程度说明如表2所示。

表2 数据级别影响说明

影响程度	参考说明
严重	1. 可能导致全部业务无法开展，造成重大经济损失。
	2. 可能引发或导致公司确定的特别重大、重大数据安全事件。
	3. 可能引发公众广泛诉讼或集体诉讼，甚至引发群体性事件。
	4. 可能导致受到监管部门严重处罚（包括取消经营资格、长期暂停相关业务等）的情况。
中等	1. 可能导致部分业务无法开展，造成较大经济损失。
	2. 可能引发或导致公司确定的较大数据安全事件。
	3. 可能引发一定数量客户对公司诉讼。
	4. 可能导致受到监管部门较严重处罚（包括一段时间内暂停经营资格或业务等）的情况。

续表

影响程度	参考说明
轻微	1. 可能导致个别业务短时间无法开展，造成轻微的经济损失。
	2. 可能引发或导致公司确定的一般数据安全事件。
	3. 可能导致受到监管部门轻微处罚（包括罚款、公开批评等）的情况。
	4. 可能对公司声誉造成一定程度损害。
无	不造成任何影响。

数据分级的统一标准，为数据使用的安全提供了管理依据，作为衡量与判断的标准，完善数据访问、使用权限控制等。

4 面向分类分级的敏感数据内容智能识别

为了实现公司数据分类和数据分级的统一管理，基于《证券期货业数据分类分级指引》，根据数据安全分类分级体系，针对不同等级的数据，提出具有兼容性、一致性与递进性的安全防护措施要求，并落实保障措施，不断提高技术水平，合理使用先进技术工具，确保数据安全。

在明确数据分类分级标准的基础上，还需要相应的平台和技术来支持数据分级标识。数据分类分级方法包括人工标识方案、基于规则的识别以及基于AI的智能识别三类方案。在数字化时代，随着数据资产的膨胀，证券业务的数据量日益庞大，依靠人工方式落地实现数据分类分级标准，无法识别全面、工作量巨大，并且很难持续。随着人工智能技术的高速发展，可以借助相关技术工具有效、持续地开展数据分类分级工作，以系统化的方式实现数据分类分级清单中逻辑层面的数据项与业务系统的表及字段的关联，从而有效建立数据安全级别属性。

本课题聚焦客户重要敏感信息，根据确定的数据分类、数据分级标准及客户重要信息的分类等级，以客户重要信息作为切入点，通过重要业务系统数据资产，对客户重要信息进行梳理、定位和标注，形成领域知识库。基于这些领域知识，开展数据分类分级的实践探索，结合自然语言、机器学习等算法，构建业务系统敏感数据智能识别模型，实现自动提取业务数据、元数据的敏感信息，并有效应用到所有业务系统数据资产的自动分级中。本课题提取的敏感信息特征具有证券行业共性，适用于行业各业务系统数据识别。

4.1 敏感信息的语义提取和泛化

首先，梳理法律法规及行业监管文件中涉及的客户重要信息并形成个人客户重要信息清单。针对相关法律规定、监管文档及附件进行个人客户相关的重要信息收集，得到50余种信息项，其中，同一含义的信息存在多个信息项表述，在业务系统中数据格式一致，为提升后续智能识别效率，结合词向量技术泛化提取。通过模型提供更多人工工作不易想起的相似信息项，可降低对业务经验的依赖。

其次，通过词向量进行相似信息项扩展，并通过数据管理人员二次筛选，泛化成9个客户重要信息项，包括涉及联系电话的手机号、座机号在内的词库扩展，范围详见表3。

表3 客户重要信息项列表

序号	客户重要信息项
1	密码
2	银行账号
3	账户
4	邮箱
5	姓名
6	证件号码
7	电话
8	客户号
9	地址

4.2 基于业务数据的敏感信息识别

基于客户重要信息项范围，分析公司业务系统数据内容，基于客户重要信息项的特征信息，采用关键词、正则表达式等方式形成匹配规则，基于C++开发敏感数据识别工具。

敏感数据识别工具采用稳定通用的JDBC架构，计算业务数据与特征信息的匹配度，完成敏感信息自动识别。在开发验证过程中，存在部分信息项业务数据格式特征较弱，但在字段名称上有相同特征的情况，为提高识别准确率，结合专家经验，增加了元数据特征匹配度计算，最后形成综合性评定结果。

4.3 基于元数据的敏感信息识别

基于业务数据的敏感信息自动发现依赖于与业务系统数据库的有效连接，对环境配置有一定要求，并且需要运维人员协助完成，适用于业务系统初始化扫描或周期性扫描场景。随着业务动态发展，较多业务系统为持续开发状态，新生成的数据内容是否包含敏感信息，数据管理人员是否可以快速获取新增数据的敏感信息分布情况，都对工具提出了更高的要求。

为提升元数据敏感信息自动识别准确率，本课题研究时首先进行基于频繁项（见表4）的词袋构建。

表4 频繁项说明

频繁项	说明
二元频繁项	由两个字母表示的语块，如 ID、IN、DU 等
三元频繁项	由三个字母表示的语块，如 WOR、SHA、DDR 等
单词频繁项	由下划线分割得到的单词，如 MAIL、CONTACT、ACCOUNT 等

在此基础上，构建了机器学习两阶段分类模型（见图6）。第一阶段使用二分类模型，基于 DeepFM 的多阶交叉模型（见图7）、XGBoost 和逻辑回归模型，并通过多数投票的 bagging 模型实现多模型结果的集成，生成敏感数据与非敏感数据标签；第二阶段使用多分类模型，采用三层隐藏层的神经网络，经过特征压缩与交叉，充分发掘特征之间的交互，最后使用 softmax 分类层将第一阶段中预测为敏感数据的样本细分为9类客户重要信息。

模型相关参数如下：

- Deep 部分使用 dropout，概率取 0.3。
- Deep 部分使用 l2 正则化，系数取 0.001。
- 隐藏层激活函数使用 relu，分类层激活函数使用 sigmoid。
- 损失函数使用交叉熵损失函数。

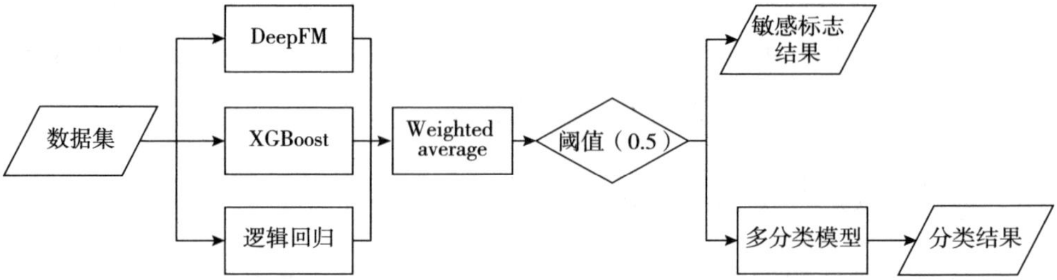

图 6　基于元数据信息的机器学习敏感信息识别模型

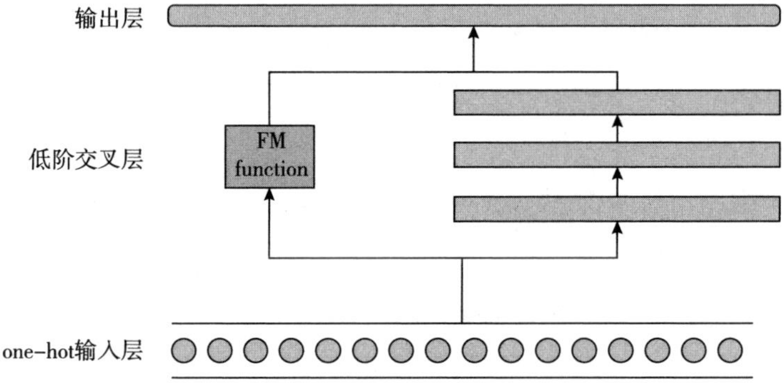

图 7　DeepFM 模型

- 使用 f1_score 作为早停评价指标。
- 优化方法先用学习率为 0.001 的 Adam，达到早停标准之后再使用学习率 0.001 的 SGD 寻找最优点。

XGBoost 是一种基于 boosting 集成方法的梯度提升模型，通过串行训练多棵 CART 树，可以降低预测偏差，提高正确率。

bagging 模型使用加权平均的方法进行最终的二分类预测。

多分类模型参数如下：

- 使用 dropout，概率取 0.3。
- 使用 l2 正则化，系数取 0.001。
- 隐藏层激活函数使用 relu，分类层激活函数使用 softmax。
- 损失函数使用交叉熵损失函数。
- 使用 f1_score 作为早停评价指标。

• 优化方法先用学习率为 0.001 的 Adam，达到早停标准之后再使用学习率 0.001 的 SGD 寻找最优点。

模型训练过程中以业务数据敏感识别结果作为样本，结合自然语言处理、机器学习，有效实现基于元数据信息的敏感数据自动识别，大大提升了敏感数据识别的范围和效率，为构建敏感数据地图提供了技术支持。

4.4 敏感数据识别和安全管理

4.4.1 敏感数据识别管理机制

敏感数据智能识别工具的开发，对数据分类分级标准的系统化实现提供了基础。为有效地获取各业务系统中敏感信息分布情况，高效地实现系统开发运维与敏感数据识别工具的集成管理，成为数据分类分级标准推进的必要环节。

落实到具体实施方案，经过数据管理部门、软件开发中心与数据中心的多轮探讨，考虑到证券行业的特点，为控制风险及减轻业务系统的压力，采用业务系统敏感数据周期性扫描与数据平台元数据识别管理相结合的方式，以实现海通证券业务数据敏感信息有效识别。

首先，通过业务数据敏感信息识别工具，由系统运维人员负责对业务系统进行识别。数据管理小组制订业务系统周期性扫描计划，以月为周期，每月按照计划，系统运维部门利用非交易时间对存量业务系统进行敏感信息识别。

其次，基于数据分类分级管理系统与数据平台元数据管理、AI 平台的统一整合，每周自动获取基于元数据的机器学习敏感信息识别模型结果。

上述方案确保了敏感信息识别工具对业务系统的风险可控，也实现了在保证敏感信息识别结果准确性的前提下，对业务系统的数据变更及时获取。

4.4.2 敏感数据安全管理机制

基于数据分类分级成果，对数据使用审批流程进行优化。在数据使用审批环节，重点关注所需数据是否涉及高等级数据，如果涉及，业务部门是否能接受脱敏或加密等物理处理。

（1）差异化原则：不同级别的数据使用申请要遵循不同的审批流程。业务部门申请的数据存在不同的风险类别，对较低级别的数据、个人身份识别信息，以及一旦泄露会造成巨大风险的高级别数据，所对应的审批部门和流程实施差异化管理。

（2）从严保护原则：对数据贯彻从严保护原则，若申请的数据集包含4级/3级数据，数据集的安全级别应当整体升级，从严保护。

具体流程如图8所示，在数据权限需求部门与科技部门确认数据清单后，数据管理部门与合规、风控部门联合审批，关注权限申请的合规性与风险点，参考数据的分类分级情况，给出差异化的意见。运维部门根据审核意见，通过差异化的安全措施，为需求部门赋权。在有效保证数据最小化使用、保护敏感数据的前提下，助力最大化数据的价值。

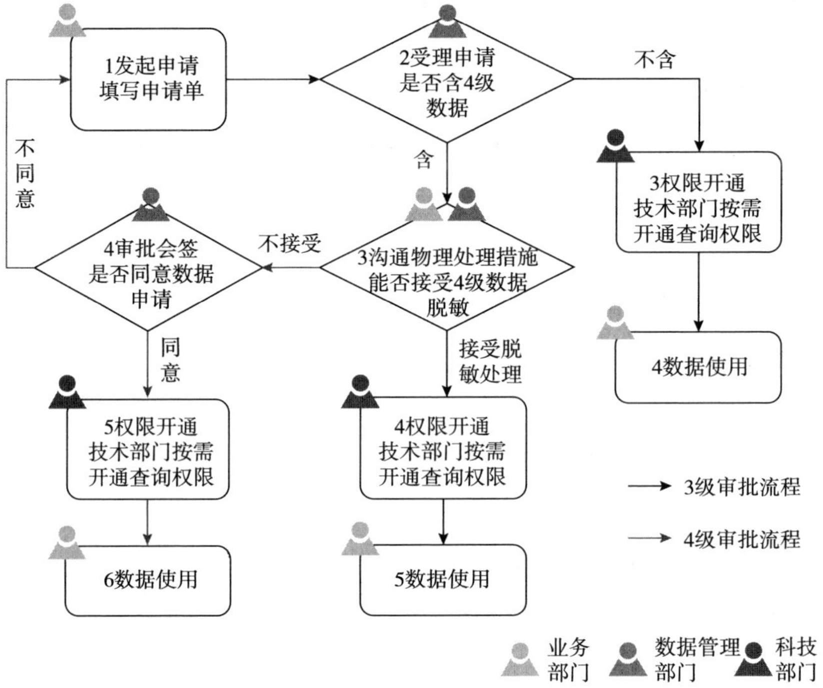

图8　数据权限审批流程

5　基于微服务架构的分布式数据分类分级管理平台

数据管理者对数据分类分级信息的统一管理和日常维护，需要借助相应的技术手段来提升工作效率，降低人工成本。公司搭建数据分类分级系统，作为工作平台有效支撑数据分类框架、数据定级规则、数据分类分级清单、业务系统数据敏感数据自动识别等日常维护工作，提供数据分类分级的展示、查询和管理服务。

5.1　数据分类分级管理系统应用架构

数据分类分级管理系统，作为海通证券数据管控重要组成部分，是连接数据保护方和数据使用方的重要桥梁，让数据管控规范、精准、透明和长效，是公司构建数据安全生态的重要一环。通过对公司数据资产进行盘点，形成公司敏感数据地图，系统以服务接口的形式发布到公司API平台，实现数据安全共享管理，为数据脱敏、数据实验室、OA系统等数据使用场景提供安全评审依据（见图9），实现数据安全使用审批从线下到线上、从个人主观判断到遵循客观标准，极大地提升了生产力效率。同时支持以文件推送的方式推送到各下游子系统，供数据脱敏、数据资产等系统调用，实现公司数据分类分级的统一标准和统一管理。

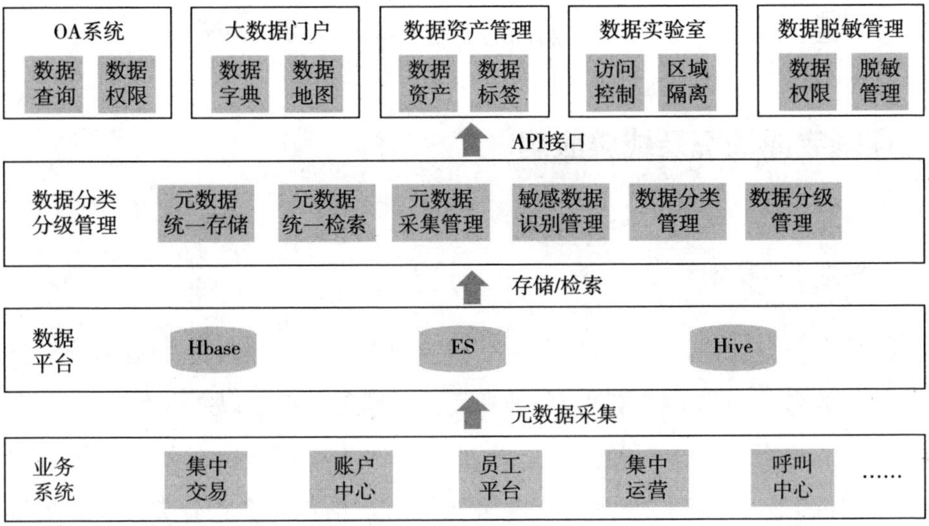

图9　数据分类分级管理系统交互

5.2 数据分类分级管理平台功能架构

基于数据分类分级管理体系，充分调研数据管理人员使用需求，搭建数据分类分级管理系统，包括制度发文、数据分类分级方法、数据分类分级管理、数据分级查询等功能模块（见图10），并集成敏感数据识别工具，实现敏感规则的统一管理获取数据的敏感信息分布。

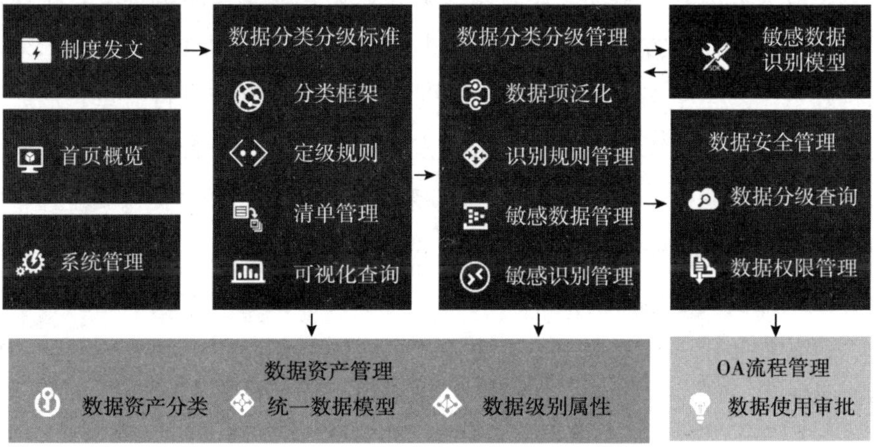

图10 数据分类分级系统功能模块

6 课题完成情况及成果应用

6.1 关键技术及创新点

本课题研究的创新点，一是建立了具有证券期货行业特色的数据分类分级管理框架，二是构建了证券期货行业通用的敏感数据智能识别模型。

（1）结合证券行业标准，建立满足最新法律要求的数据分类分级管理框架。公司依据《证券期货业数据分类分级指引》的数据业务分类方法，规范数据资产管理，再参考国家的数据分类分级体系，将公司的数据和信息分为核心数据、重要数据、一般数据、个人信息和公开信息5个类别。依据《证券期货业数据分类分级指引》的数据分级方法，将5类数据和信息划分为4个数据等级，实现遵照行业标准与遵守国家法律要求的统一。

目前公司已根据现有的内外部法规制度要求及数据安全管理实践，对公司数据进行5个类别的分类，进而实现数据定级。未来，随着证券行业重要数据目录的发布及完善，可以在保障公司数据分类分级管理框架稳定的前提下，进行数据分类与数据定级的动态调整及精细化管理。

（2）证券期货行业通用的敏感数据智能识别模型。聚焦客户重要敏感信息，根据确定的数据分类、数据分级标准及客户重要信息的分类等级，以客户重要信息作为切入点，梳理重要业务系统数据资产，对客户的重要信息进行梳理、定位，开展数据分类分级的实践探索，结合自然语言、机器学习等算法，自动提取业务数据、元数据的敏感信息，构建业务系统敏感数据智能识别模型。本课题提取的敏感信息特征具有证券行业共性，适用于行业各业务系统数据识别，整体分类准确率为95%。

6.1.1 基于多模态机器学习的敏感数据智能识别与分级

构建基于深度学习的两阶段敏感数据智能识别与分级方法，将数据分类分级问题转换为自然语言处理的科学问题。首先，使用N-gram强化敏感术语特征，采用多模型融合方法将敏感数据有效地分离过滤出来；其次，构建多层神经网络模型将敏感数据精确细分，实现敏感性级别的智能划分，为数据安全提供保障；最后，打通服务器和客户端的闭环，扩大智能识别的应用场景范围，实现模型和知识库的持续进化。

6.1.1.1 技术创新方面

（1）实现基于PU-learning的样本扩充选择方法。解决了由数据量过大且复杂导致人工分类标注和规则分类都无法一次性完成、可靠的分类标注数据较少等问题。采用半监督学习方法对少量有标签的种子数据和大量无标签数据混合成的初始数据集进行多次训练，扩展初始训练集。借助PU-learning的两步法思想，用较优的模型打分生成更大的机器标注数据集，逐步提高准确率和召回率。

（2）实现基于频繁项挖掘及多模型融合的敏感数据智能识别方法。该阶段实现了敏感信息与不敏感信息的分离。采用基于频繁项挖掘的方法来构建词袋，根据历史数据特征，挖掘出常见的二元频繁项、三元频繁项，以及单词频繁项，相对于单字符表示方法，该方法能大幅增加特征的语义信息。相对于使用基于词频筛选的基准敏感数据识别方法，该方法的 F1 score 提高近 20%。在随后的多模型融合阶段，使用泛化能力强的逻辑回归、集成能力好的 XGBoost、特征提取能力强的 DeepFM 三个模型，融合各自的模型优点，保证了识别的鲁棒性，融合模型的最终 F1 score 达到 0.98。

（3）实现基于深度学习的敏感数据智能分级方法。在上一阶段已经识别的敏感数据的基础上，构建三层隐藏层的神经网络，经过特征压缩与交叉，充分发掘特征之间的交互，最后使用 softmax 分类层，得到具体的分级预测结果，具体网络结构如图 11 所示。该模型的整体分类准确率为 95%，密码和邮箱的预测准确率达 100%，地址、姓名、客户号和电话的识别准确率均在 96% 以上，总体效果达到工业使用级别。

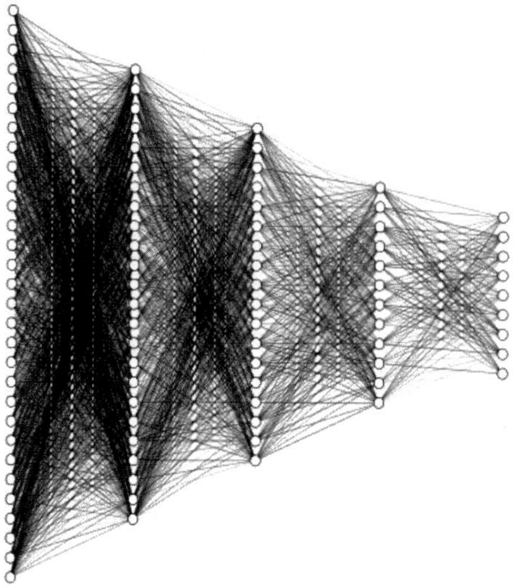

图 11　基于三层隐藏层的敏感数据智能分级模型网络结构

6.1.1.2　业务创新方面

结合海通证券数据管理实际情况，将敏感数据识别模型部署成应用，并对接元数据分级管理系统，当有新数据库接入时，自动进行敏感数据识别和分级，并将识别结果展示给数据管理人员进行分析确认，当数据管理人员发现异常数据特征时，可通过敏感信息白名单管理功能快速更新数据级别，通过数据分类分级管理模块优化敏感数据发现规则以提高新系统业务数据扫描结果的准确度，并自动触发分类算法的新一轮学习训练以提升识别准确率。打通业务端与工具模型端的闭环，形成数据反馈回流，扩大智能识别应用场景范围，实现模型和知识库的持续进化，使用越多，模型越精准。同样的方法可以推广应用到数据自动分类等方面，具有较好的推广意义和实用价值。

6.1.2 基于“安全合规”数据可控共享能力

海通证券依据《证券期货业数据分类分级指引》的数据业务分类方法，规范数据资产管理，再参考国家的数据分类分级体系，对公司数据进行5个类别的分类，进而实现数据定级。同时，海通证券进一步完善了公司的数据安全体系（见图12），助力公司满足《证券基金经营机构信息技术管理办法》《证券期货业数据分类分级指引》的数据分类分级管理要求，规范了公司数据安全管理，强化了数据资源保护能力，切实保障金融数据安全流动，有利于公司数据价值的挖掘与实现。

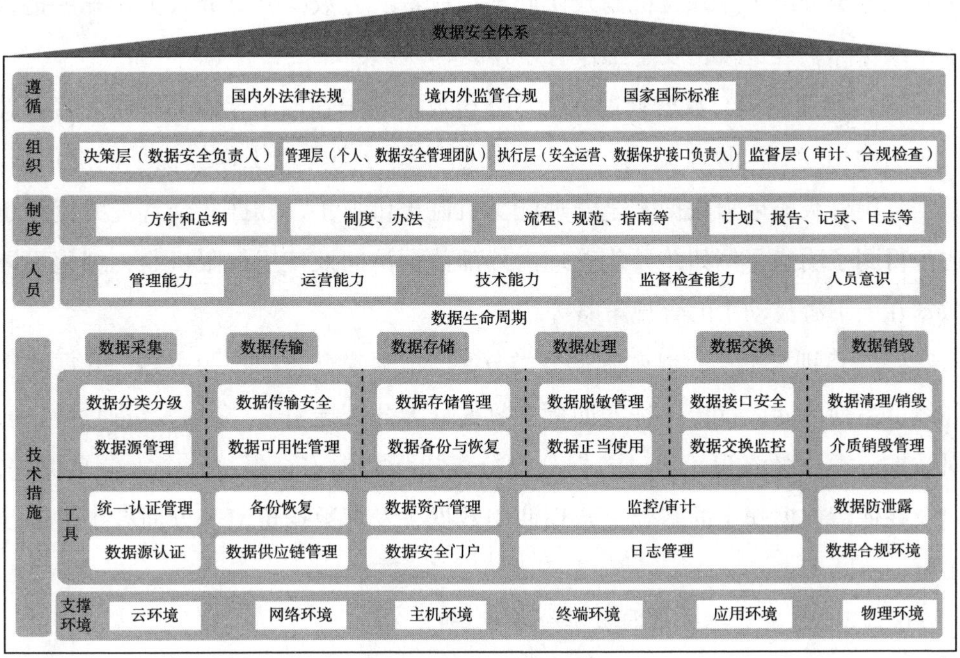

图12 数据安全体系

（1）数据分类分级的结果，可作为数据权限审批的重要依据。

（2）数据分类分级的结果，可作为数据脱敏的重要前提。

（3）数据分类分级的方法，可作为数据库审计及监控规则的参考。

6.2 课题完成情况

本课题完成了数据分类分级管理体系的构建，从组织架构、制度流程、人员管理等方面为数据分类分级提供保障，搭建了数据分类分级管理系统，并有效实现敏感数据智能识别，实现敏感数据的自动化动态调整，为公司的数据分类分级管理工作提供了便捷的抓手。作为数据安全管理工作的重要抓手，对数据实行差异化管理和保护，在保证数据安全的基础上促进了数据的共享和价值发挥。

6.2.1 建立数据分类分级管理体系

（1）组织建设：公司自上而下、层级权责明确，建立了由决策层、管理层、执行层等组成的数据治理组织架构。在《数据分类分级管理办法》中明确了数据分类分级工作开展机制及协同部门职责，为数据分类分级工作开展提供了组织保障，推进数据安全工作有序开展。

（2）制度流程与数据管理办法：公司数据安全管理制度体系日趋完善，并逐步明确相应工作管理流程，这为公司的数据分类分级工作提供了制度保障。数据分类分级成果为数据安全管理配套机制提供抓手，数据安全管理的流程也逐步得到了明确，例如差异化管理内外部数据访问及使用权限机制，细化不同数据在上下游流动中的合规策略等。

（3）培训与推广：以“数据分类分级　加强安全防护”为主题，开展线下和线上系列活动，宣传《证券期货业数据分类分级指引》。参加人员通过培训，对数据分类分级流程、通过数据分类分级加强数据安全保护、个人信息保护，以及在保障数据安全的基础上合理使用数据、发挥数据价值等方面有了进一步了解。

6.2.2 落实数据分类与数据分级框架

以公司所有业务数据为工作范围，参考《证券期货业数据分类分级指引》，结合公司的数据现状、监管要求和行业标准，构建了 2 大类 5 层级的分类框架，4 层级的数据定级规则和定级调整规则，近 1200 项经纪业务条线数据分类分级清单（见图 13）。

在分类框架的设计上，引入了逻辑数据模型作为参考，以保证分类结构的稳定性和实用性。定级调整规则包括公开披露、脱敏处理、数据时效等情况下数据级别的调整。

数据分类分级清单包括逻辑数据项、逻辑数据项对应的业务一级分类、业务二级分类、数据一级分类、数据二级分类、数据三级分类、数据级别、定级说明。建立了公司的数据分类、数据分级标准，制定了数据分类分级清单，完成业务二级分类、数据三级分类、近 1200 项数据的分类定级，大大提升了数据分类分级工作的可操作性。

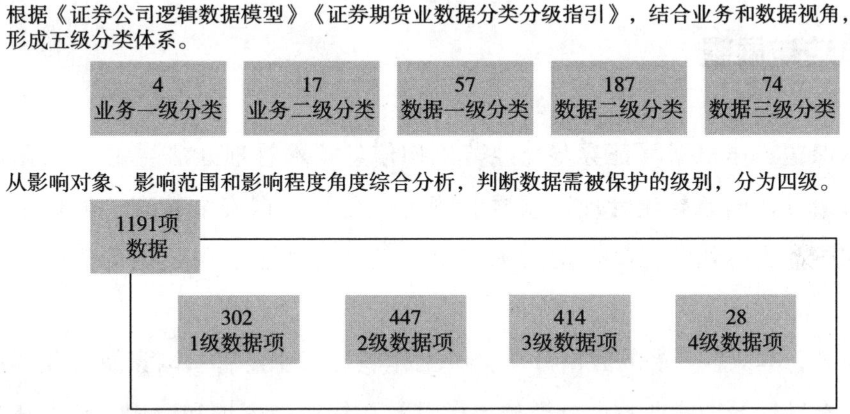

图 13　数据分类分级概况

6.2.3　实现敏感数据智能识别

基于数据分类分级敏感数据识别管理机制，在有效保证敏感数据识别工具的准确率的前提下，截至 2023 年 6 月，完成公司重要系统的个人敏感信息识别，为公司的数据安全防护工作提供了重要的敏感数据地图。

6.2.4　建设数据分类分级管理系统

从规章制度出发，实现数据分类、分级规则的统一管理，可视化展示数据分类分级清单，集成敏感数据识别结果，在业务系统元数据信息上补充数据级别标签，形成敏感数据分布地图，提供数据分级查询服务，实现了智能化的数据资产发现和管理。

6.2.5 全方位实现数据安全管理

数据分类分级管理使数据安全工作从过去的“一刀切”，转变为更加精细化的管理，从理论到实践，从逻辑到物理，使公司数据安全工作有了制度的保障、流程的基础和开展的抓手。

（1）提升数据需求的安全管控；

（2）数据脱敏促进数据共享使用；

（3）动态感知实现数据安全实时监控；

（4）数据库审计助力事后监督；

（5）数据安全检查减少数据安全隐患。

7 总结与展望

本课题工作根据《证券基金经营机构信息技术管理办法》的“数据进行分类分级并作出差异化管理”要求，规范了公司数据安全管理，强化了数据资源保护能力，切实保障金融数据安全流动，有利于公司数据价值的挖掘与实现。

同时，本课题开展的数据分类分级工作满足行业监管、国家及行业标准规范，探索《证券期货业数据分类分级指引》在行业的落地和应用，从方法论和落地实践方面提供了一套证券期货行业可复用推广的解决方案。

（1）提供数据分类分级整体解决方案：面对企业自身众多的数据，分类要如何划分、级别设置几个层级、分类分级结果要如何落地？本课题关于数据分类分级的实践，为证券期货行业公司后续开展数据分类分级工作提供了有效参考。

（2）探索数据安全差异化管理：在数据安全管理方面，数据使用的审批流程容易流于形式，因为并不清楚哪些属于敏感数据或者敏感数据存在哪里，导致管理成本虽高，但安全保护方面收效甚微。充分识别数据级别信息，夯实了数据管理基础底座，可提供不同程度的数据安全保护管理机制，在数据权限管理、数据查询机制等方面，实现"让数据使用更安全"这一目标。

（3）通用的敏感数据智能识别模式：基于证券期货行业的业务数据特征，本课题有效提取敏感数据特征，基于规则以及 AI 机器学习的方式，构建自动识别敏感信息模型，实现元数据管理安全级别标签统一管理，适用于证券期货行业众多业务系统。

数据保护和数据共享作为一对矛盾体，既要求公司减少数据安全威胁，避免内外部安全隐私风险带来的损失，又要求最大化利用数据、共享数据，发挥数据价值。数据分类分级的有效实现，为后续构建基于元数据管理的数据安全隐私保护平台提供了基础。

最后，数据安全工作需要公司各部门的协同配合，只有深入理解数据分类分级，强化数据安全意识，才能在保障数据安全流动的基础上，提升数据的应用效果，发挥数据的使用价值，促进公司业务发展。

参考文献

[1] 毛宇星. 推进大中台战略　加速数字化转型 [J]. 金融电子化，2019 (6)：3.

[2] 王洪涛. 发力数据中台，打造智慧海通 [J]. 金融电子化，2020 (9).

[3] 王启军. 持续演进的 Cloud Native：云原生架构下的微服务最佳实践 [M]. 北京：电子工业出版社，2018.

[4] 华为公司数据管理部. 华为数据之道 [M]. 北京：机械工业出版社，2020.

[5] 甘似禹，车品觉，杨天顺，等. 大数据治理体系 [J]. 计算机应用与软件，2018，35 (6)：1－8.

[6] DAMA International. DAMA 数据管理知识体系指南 [M]. 北京：清华大学出版社，2012.

[7] 索瑞斯．大数据治理［M］．匡斌，译．北京：清华大学出版社，2014.

[8] Kaboutari A , Bagherzadeh J , Kheradmand F . An Evaluation of Two - Step Techniques for Positive - Unlabeled Learning in Text Classification［J］. International Journal of Computer Applications Technology and Research, 2014, 3 (9): 592 -594.